Inhalt

   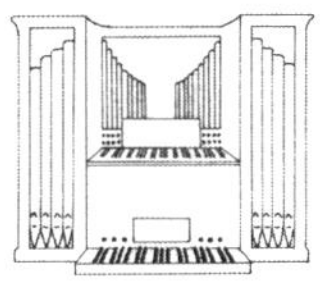 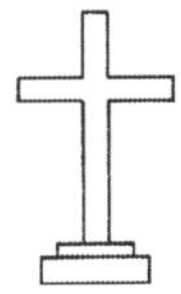  

 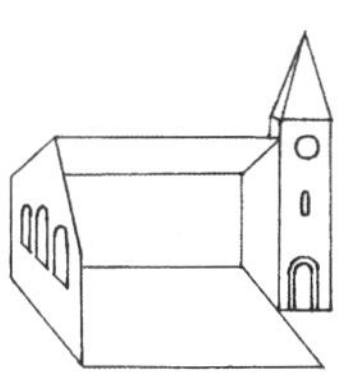  

Kirche erkunden

Haus aus Steinen – Haus aus Menschen

Einführung

„Kirche“ mit all ihren Facetten – ein immer wiederkehrendes Thema in Schule und Gemeinde. Im Religionsunterricht an der Grundschule wird in den ersten Klassenstufen eine Erkundung des örtlichen Kirchengebäudes vorgeschlagen. Ziel ist, dass sich Lernende in der Kirche ihres Umfeldes zurechtfinden sowie in der Lage sind, deren Symbolwelt ansatzweise zu entschlüsseln. Angesichts der immer stärkeren Entfremdung der Eltern vom kirchlichen Leben bringen viele Kinder kaum Vorkenntnisse mit. Die einen haben noch nie ein Kirchengebäude von innen gesehen, anderen ist nicht klar, was sie gesehen haben. Dazu ist mit einer „vielschichtigen und widersprüchlichen Einstellung“ der Eltern zur Kirchengemeinde zu rechnen (Friedrich Schweitzer), sodass auch religiöse Rituale und Traditionen fremd sind. Kontakte zur Kirche ergeben sich meist nur noch über besondere Ereignisse wie beispielsweise Lebensfeste (Taufe, Hochzeit, Beerdigung) oder einen obligatorischen Weihnachtsgottesdienst. Wo der Kontakt fehlt, wachsen Fremdheitsgefühle. Kinder wissen oft nicht, wie sie sich in einem Kirchengebäude oder im Gottesdienst verhalten sollen. So wächst immer mehr dem Religionsunterricht auch die Aufgabe zu, dass Kinder eine Kirche und das, was im Raum geschieht (Gottesdienst), kennenlernen.

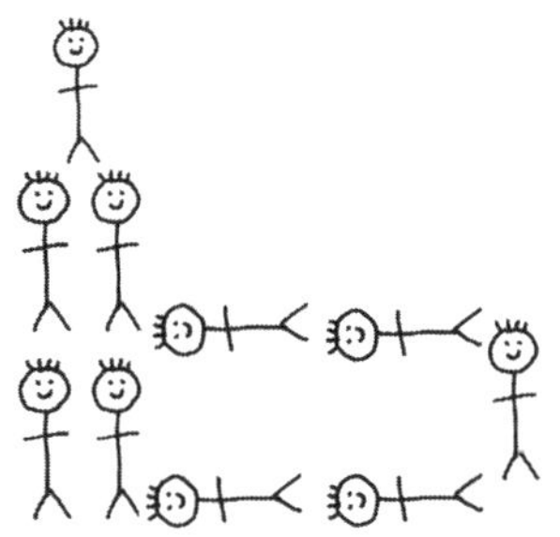

Meist bleiben viele Pläne und Entwürfe zum Thema „Kirche erkunden“ beim „Haus aus Steinen“ stehen. Eine Kirche bleibt aber leblos, wenn nicht deutlich wird, dass sie eine lebendige Gemeinschaft – also ein „Haus aus Menschen“ – ist. Das Steinhaus wurde gebaut und wird erhalten von einer lebendigen Gemeinde. Dies sollte immer mitbedacht werden, damit sich der Bedeutungsgehalt des Begriffs „Kirche“ nicht auf das Gebäude verengt. Dazu gehören auch der Aufbau einer Gemeinde, die Funktionen eines gelingenden Gemeindewesens und das diakonische Handeln von Kirche. Schließlich wird der Gottesdienst zu beleuchten sein. Hier sammelt sich das „Haus aus Menschen“ im „Haus aus Steinen“ und feiert den, der beide Häuser zusammenhält.

Bedeutungsvielfalt des Begriffs Kirche

Der Begriff „Kirche“ trägt in sich eine Bedeutungsvielfalt. Wer von Kirche spricht, kann vieles meinen.

- **Kirche als Haus aus Steinen (Gebäude)** meint hier: der sichtbare Ort, an dem sich Christen versammeln, Gott feiern und der Symbole des Glaubens in sich birgt.
- **Kirche als Haus aus Menschen (Gemeinschaft)** meint hier: die Gemeinschaft der Christen in der Nachfolge Jesu. Sie versammeln sich, weil sie durch den gemeinsamen Glauben und durch die Taufe miteinander verbunden sind. Die Bibel kennt den Vergleich der Gemeinde mit einem Leib (1. Kor 12): Nur wo viele Glieder an einem Leib zusammenspielen, funktioniert der ganze Körper. Im Matthäusevangelium spricht Jesus: „Wo zwei oder drei in meinem Namen versammelt sind, da bin ich mitten unter ihnen“ (Mt 18,20). Kirche ist also da, wo Menschen in Jesu Namen zusammenkommen und eine Gemeinschaft bilden.

Kirche als Gemeinschaft kann weiter differenziert werden, beispielsweise …

- **als Organisation:** Überall wo Christen sich zusammentun, entstehen Organisationsformen („Institutionen“ = „Einrichtungen“) – vor Ort (Kirchengemeinde), im Bezirk (Dekanat), im Land (Landeskirche/Diözese), überregional (z. B. EKD) oder weltweit (z.B. Ökumenischer Rat der Kirchen). Haupt- und ehrenamtliche Mitarbeiter/innen machen die Kirchengemeinschaft lebendig.
- **als Trägerin der Hilfe am Nächsten:** Deutlich wird der Gemeinschaftscharakter von Kirche im Einsatz für hilfsbedürftige Menschen.

ReliBausteine primar

Michael Landgraf

Kirche erkunden

Haus aus Steinen – Haus aus Menschen

Calwer – VSP – RPE

ReliBausteine – Kirche erkunden

ISBN: 978-3-7668-4083-7 (Calwer)

ISBN: 978-3-938356-24-1 (RPE)

ISBN: 978-3-939512-12-7 (VSP)

3. Auflage 2018

Satz: Verlagshaus Speyer GmbH
Umschlaggestaltung: Karin Sauerbier, Stuttgart
Druck und Verarbeitung: Mazowieckie Centrum Poligrafii –
05-270 Marki (Polen) – ul. Słoneczna 3C –
www.buecherdrucken24.de
Internet: www.calwer.com
www.verlagshaus-speyer.de
www.rpe-online.com
E-Mail: info@calwer.com
info@verlagshaus-speyer.de

Dies können Kinder, kranke oder alte Leute sein. Kirche orientiert sich dabei am Wort Jesu: „Was ihr einem von diesen meinen geringsten Brüdern getan habt, das habt ihr mit getan" (Mt 25,40). Diakonie und Seelsorge als tätige Hilfe sind so ein zentrales Kennzeichen von Kirche.

- **als Gottesdienstgemeinschaft:** Kinder sollen eine Kirche als Raum des Gottesdienstes, des Gebets und der Stille erleben können. Eine Möglichkeit wäre, mit ihnen dort selbst einen (Schul-)Gottesdienst zu gestalten oder einen Gottesdienst der Gemeinde zu besuchen (z.B. Gottesdienst mit Taufe oder einen Kindergottesdienst).

Die Frage nach den Konfessionen und der Ökumene spielt im ReliBausteine-Band **„Unsere Kirchen. Evangelisch – katholisch – ökumenisch"** eine größere Rolle. Dabei werden Unterschiede und Gemeinsamkeiten der Konfessionen sowie elementare Stationen der Kirchengeschichte (z.B. Reformation) zu beleuchten sein. Doch sei bereits hier darauf verwiesen: Die Einheit von Kirche spricht nicht gegen die Vielfalt der Wege, wie Glaube gelebt wird. Auch wenn die Einheit der Christen immer ein Ziel bleibt: Einen Urzustand von Kirche ohne Unterschiede der Glaubensformen gab es nie. Immer gab es theologische Richtungen und regionale Besonderheiten. Konfessionelle Prägungen zeigen heute die Vielfalt, die Kirche haben kann, wie sie beispielsweise in der Ausgestaltung von Kirchengebäuden, in den Formen des Gottesdienstes oder im Aufbau einer Kirchenorganisation erkennbar sind. Vom biblischen Zeugnis her gibt es hierzu kaum Festlegungen. So können kleine Initiativgruppen genauso Kirche sein wie die großen Organisationen.

Weiterhin zeigt sich Kirche in den Aufgaben, die sie wahrnimmt. Dazu gehört die Lehre, die Weitergabe der biblischen Botschaft: Was Gott in Jesus gewirkt hat, ist für alle Menschen bestimmt (Mt 28,18ff.). Dies gilt auch für das diakonische Handeln und die Seelsorge.

Trotz des Anspruchs, Gemeinschaft in der Nachfolge von Jesus Christus zu sein, trotz der vielfältigen Aufgaben, die Kirche leistet, stehen alle Ausdrucksformen von Kirche immer unter einem gewissen Vorbehalt. Kirche ist kein Endzustand, sondern sie ist orientiert an der Botschaft vom kommenden Gottesreich. Diese Zukunftsoffenheit von Kirche bringt es mit sich, dass das Haus aus Menschen und das Haus aus Steinen nichts Starres, Festgefügtes sein darf, sondern sich immer von den biblischen Grundlagen infrage stellen und inspirieren lassen muss.

Biblische Grundlagen zu Kirche als „Haus aus Menschen"

Der Begriff „Kirche" leitet sich vom griechischen Wort **„kyriakos"** („zum Herrn gehörend") ab. Im Neuen Testament steht der Begriff weder im Zusammenhang mit der versammelten Gemeinschaft, noch wird er zur Bezeichnung für ein Gotteshaus verwandt. Er kommt allein in Wendungen wie „der Tag des Herrn" (Offb 1.10) oder „das Mahl des Herrn" (1. Kor 11,20) vor und verweist damit auf die endzeitliche Gemeinschaft mit Gott im Reich Gottes. Wo es hingegen um Kirche als die versammelte Gemeinschaft geht, verwendet das Neue Testament andere Bilder:

- „Leib Christi" (Röm 12,4f., 1. Kor 6,15ff.; 10,17; 12,27; Eph 1,23),
- „Schiff" (Mt 8,23ff.),
- wanderndes „Volk Gottes" (z.B. Hebr 4,9).

Zentraler Begriff für die Kirche als Versammlung der Gemeinschaft ist **„Ekklesia"**. „Ek-kaleo" bedeutet: „aus etwas herausgerufen werden". Der griechische Begriff steht in Beziehung zum hebräischen Wort für Gemeinde (Qahal), das ebenso „die Herausgerufenen" bedeutet. Daher heißt auch in der Theologie die Lehre von der Kirche **„Ekklesiologie"**.

Ekklesia ist im griechischen Umfeld ein vielseitig gebrauchter Begriff. Er meint:

- „Menschenansammlung" (z.B. 1. Kön 19,20),
- „Volksversammlung" (Jos.ant. 12,164),
- „Versammlung der Israeliten" (Jos.ant. 4,309).

Die **christliche Urgemeinde** verwendete den Begriff für die …

- Gemeindeversammlung (z.B. 1. Kor 11,18),
- Gemeinde vor Ort (z.B. Phil 4,15),
- Hausgemeinden (z.B. 1. Kor 16,19),
- Universale Kirche (z.B. Mt 16,18; 1. Kor 6,4).

Allerdings wird der Begriff „Ekklesia" nur für die nachösterliche Gemeinschaft gebraucht, nicht für die Gemeinschaft zwischen Jesus und seinen Jüngern. Was die urchristliche Gemeinschaft ausmacht, ist, dass sie sich als „Leib" versteht,

dessen Haupt Christus ist und wo jedes Glied seine bestimmte Funktion hat (1. Kor 12). Daher spricht man heute noch statt von Gemeindemitgliedern von Gemeindegliedern. Nach Paulus soll diese Gemeinschaft keine Unterschiede zwischen ihren Gliedern machen (Gal 3,28: *„Hier ist nicht Jude noch Grieche, hier ist nicht Sklave noch Freier, hier ist nicht Mann noch Frau; denn ihr seid allesamt einer in Christus Jesus.“)*
Selbst wenn in neutestamentlicher Zeit die Institutionalisierung noch nicht die entscheidende Rolle spielte, bildeten sich Ämter wie z.B. Älteste (Presbyter) und Vorsteher (Episkopos, d.h. Bischof) heraus, die erste Ansätze einer Organisation zeigen. Es gibt kein einheitliches Bild, das eine einzige Form von kirchlicher Organisation favorisiert. Deutlich wird aber, dass sich die Urgemeinde als Dienstgemeinschaft versteht, die füreinander da ist (Apg 2; 4) und Menschen dazu beauftragt, für andere da zu sein (z.B. Diakone in Apg 6). Vom biblischen Zeugnis her ist Kirche zunächst eine Gemeinschaft – ein „Haus aus Menschen“.

Grundlagen der Kirche als „Haus aus Steinen“

Das Christentum hat seine Wurzeln im Judentum. So waren die Gebetshäuser, die Jesus und seine Jünger besuchten, der Tempel in Jerusalem und die Synagogen. Noch nach dem Tod Jesu trafen sich seine Jünger im Tempel (Apg 4f.). Paulus ging auf seinen Reisen zunächst in die Synagogen, um von Jesus zu erzählen. Dass es zu einem Bruch kam, zeigt das Wort „aposynagogos“, das nur im Neuen Testament vorkommt und „aus der Synagoge verbannt werden“ bedeutet (Joh 9,22; 12,42; 16,2). Gleichzeitig wurden immer mehr Menschen zu Christen, die zuvor keine Juden waren. So traf sich die junge christliche Gemeinschaft zunächst in Privathäusern, wo man feierte, betete und das Agape-Mahl (Liebesmahl) zu sich nahm.
In den ersten drei Jahrhunderten, in denen das Christentum verfolgt wurde, war die Errichtung von großen Gottesdiensträumen kaum möglich. Außerhalb der Häuser feierte man oft nur, um Freunde zu beerdigen. Dies bezeugen heute noch die römischen Katakomben mit den ältesten uns bekannten christlichen Wandgemälden. Erst unter Kaiser Konstantin wurde das Christentum eine „erlaubte Religion“ (um 315). Dies war der Start der langen Geschichte des Kirchenbaus: beginnend mit dem Stil der Basilika (antike Königshalle), mit der orthodoxen Bauweise im oströmischen Reich und im Westen mit den Stilrichtungen der Romanik, der Gotik, der Renaissance, des Barock, des Klassizismus, der Neogotik, der Neoromanik und des Neobarock im 19. Jahrhundert bis zum modernen Kirchenbau heute (S. 49–52). Die Vielfalt und Einheit zeigen sich in Vergangenheit und Gegenwart in Fragen wie: *Wie gestalte ich den Versammlungsraum der Gemeinde? Soll der Kirchenbau prunkvoll den „Himmel auf Erden“ abbilden (Barock, orthodoxe Kirchen), oder soll er lieber schlicht sein, dass nichts vom Wort Gottes als Botschaft vom Reich Gottes ablenkt (reformierte Tradition)?* **Kirchen** sind somit **Entdeckungsräume,** in denen erkundet werden kann, wie sich der Glaube und das Lebensgefühl von Menschen unterschiedlich ausdrücken – je nach Epoche, Ort oder theologischer Grundrichtung. Dass sich Menschen auf unterschiedliche Weise ausdrücken, ist auch für Kinder gut nachvollziehbar.

Ein Kirchenbau zeigt das Selbstverständnis einer Glaubensgemeinschaft. Gesellschaftliche Strukturen (z.B. wenn der Klerus von der Gemeinde getrennt ist) oder der technische und architektonische Stand der Zeit werden offenbar. Kirchen zeigen, wie unterschiedlich Menschen Gottesdienst feiern und worauf es in ihm ankommt. Sie weisen durch Bilder und Symbole auch auf die biblische Geschichte hin – früher ein Mittel der Unterweisung für Kinder und Ungebildete. Schließlich verweisen Kirchen durch Kreuze oder eine Kreuzform im Grundriss auf Jesus, den Auferstandenen.

Um Kirchenbauten zu verstehen, muss man sich in die Menschen hineinversetzen, die diese Kirche gebaut haben. Wer Kirchen lesen lernt, kann viel über die Menschen sagen, die sich darin versammeln und sie heute nutzen.

Kleines Lexikon zum Kirchenbau

Das kleine Lexikon gibt einen Einblick in Gegenstände und Besonderheiten im Kirchenbau. Unterschiede zwischen der katholischen, lutherischen und reformierten Tradition werden dabei hervorgehoben. Martin Luther selbst vertrat einen Mittelweg, während die Reformierten (Calvinisten) alles, was von der Bibel ablenkte, aus Kirchen entfernten (z.B. Bilder). Zu beachten ist auch, dass durch die Jahrhunderte hindurch unterschiedliche theologische Strömungen auf den Kirchenbau und die Architektur einwirkten (siehe Materialien S. 49–52).

Abendmahlsgeschirr: Wenn Abendmahl gefeiert wird, stehen auf dem Altar oder Tisch (reformiert) große Gemeinschafts- oder viele kleine Einzelkelche mit Wein sowie eine Schale mit Brot oder Oblaten. Das Abendmahl gilt als Zeichen der Gemeinschaft mit Jesus sowie mit allen, die an ihn glauben. Das katholische Abendmahl, die Eucharistie, hat eine weitere Bedeutung. Hier findet eine Wesensverwandlung (Transsubstantiation) von Brot und Wein in den Leib und das Blut Christi statt. Daher werden die geweihten Hostien auch im Tabernakel besonders aufbewahrt.

Altar kommt vom Lateinischen altus = hoch. Bei katholischen Christen hat er eine feste Form und ist Zentrum der Kirche. Bei den Reformierten hat er eher die Gestalt eines Tisches, um sich vom katholischen Opfergedanken abzugrenzen. Bei den Evangelischen ist die Kanzel das Zentrum der Kirche. Am Altar wird gebetet und zum Abendmahl eingeladen. Auf ihm findet man in reformierter Tradition allein eine Bibel, bei anderen auch Kerzen, Blumen oder ein Kreuz. Vom Altar hängt ein Tuch mit den Farben des Kirchenjahres.

Altar- und Kanzeltuch: Das Altartuch heißt Parament, das Kanzeltuch Antependium. Die Tücher machen den Raum festlich und zeigen die Farben des Kirchenjahres an:

- **Weiß:** Weihnachten bis Epiphanias; Osterzeit bis Samstag vor Pfingsten sowie Trinitatis. Bedeutung: Glanz, Reinheit, Licht, Freude
- **Rot:** bei Kirchenfesten, Pfingsten, Reformationstag, Konfirmation, Kirchweihtag, Apostel- und Märtyrertage (kath.). Bedeutung: Kraft Gottes, Liebe, Feuer, Blut, Heiliger Geist
- **Grün:** An den Sonntagen nach Epiphanias und Trinitatis. Bedeutung: Hoffnung, Leben, Fruchtbarkeit, Wachsen
- **Violett:** Advents- und Passionszeit sowie Buß- und Bettag. Bedeutung: Nachdenken, Umkehr, Sehnsucht nach Licht
- **Schwarz:** Karfreitag (ev.; kath.: rot), Beerdigung, Totenmessen (kath.). Bedeutung: Trauer, Tod, Finsternis

Ausrichtung einer Kirche: Seit dem dritten Jahrhundert wurden Kirchen „geostet", das meint nach Jerusalem hin (aufgehende Sonne) ausgerichtet. Von dort wird die Wiederkunft Christi erwartet (vgl. Mt 24,27; Off 7,2). So galt eine Kirche früher als „himmlisches Jerusalem". Ihr Ostteil wurde als geistliches Zentrum gesehen, meist mit einer Apsis, dem Altar, dem Chorraum und dem Bischofsstuhl sowie der Krypta unter dem Altar mit Heiligengräbern oder Reliquien. Der Westteil einer Kirche galt hingegen symbolisch als der weltliche Bereich. Hier war früher eine Vorhalle, in der sich sündig gewordene Gemeindeglieder oder noch nicht getaufte aufhalten und dem Gottesdienst folgen konnten. Die Vorhalle wurde „Paradies" genannt. Das Westwerk der Kaiserdome (Speyer, Mainz, Worms) mit den festungsartigen Türmen diente symbolisch zur Abwehr dämonischer Mächte. Daher steht dort oft der Erzengel Michael, der nach dem Buch der Offenbarung in der Endzeit die Dämonen bekämpft.

Bibel: Nach evangelischer Tradition liegt eine Bibel in der Mitte des Altars. Sie hat hier eine zentrale Bedeutung. Bei den Reformierten soll sogar allein eine Bibel auf dem Altartisch liegen.

Bilder, Inschriften, Grabmäler: Bilder zeigen häufig biblische Geschichten, die früher für Analphabeten wichtig waren. In katholischen Kirchen gibt es einen Kreuzweg, der den Weg Jesu bis zur Grablegung zeigt. Evangelische Kirchen sind in der Regel schlichter gehalten, um nicht von der Predigt abzulenken. Aber auch in ihnen gibt es Bilder – beispielsweise zu biblischen Szenen, christliche Symbole oder auch Reformatorenporträts.

Inschriften oder Gedenktafeln erinnern an Ereignisse, beispielsweise an Gefallene der Kriege. Grabmäler in älteren Kirchen weisen darauf hin, dass man früher so nah wie möglich an der Kirche beerdigt werden wollte. Herrscher oder Kirchenfürsten wurden daher oft in der Kirche selbst begraben.

Blumen sollen einen Ort feierlich machen, sind aber auch Ausdruck der Freude an Gottes Schöpfung.

Gesangbücher enthalten nicht nur die Lieder, die im Gottesdienst gesungen werden. Alle Elemente des Gottesdienstes wie die Psalmen, das Vaterunser, das Glaubensbekenntnis und auch Gebete sind darin abgedruckt. In einem Gesangbuch kann man nachlesen, wie der Gottesdienst abläuft. Auch findet man darin Informationen über Liederdichter wie Johann Sebastian Bach oder Heinrich Schütz. Ein „Ö" im Gesangbuch weist darauf hin, dass dieses Lied in der evangelischen und katholischen Kirche verwendet wird.

Gewölbe, Säulen, Decken: Erst durch die Erfindung von Gewölben ist es gelungen, hohe Kirchen zu bauen. Das Rundgewölbe entstand bereits in der Römerzeit. Um höher zu bauen, erfand man das Spitzgewölbe (Gotik, ab ca. 1150). Säulen tragen die Decke. Manchmal findet man an ihnen Verzierungen, Zeichen und Symbole. An der Decke, wo die Gewölbe zusammenlaufen, sind die Schluss-Steine. An denen können ebenfalls christliche Zeichen und Symbole entdeckt werden.

Glocken laden zum Gottesdienst ein oder informieren, wenn etwas geschehen ist. Der Kopf einer Glocke ist die Krone. Der Klöppel schlägt beim Läuten an den Schlagring. Eine kleine Glocke läutet, wenn im Gottesdienst das Vaterunser gesprochen wird. Eine große Glocke mit dunklem Ton wird geläutet, wenn jemand in der Gemeinde gestorben ist. Die Töne der Glocken sind aufeinander abgestimmt (Töne: a, g, c, d).

Kanzel/Lesepult: In der Reformation gewann die Kanzel an Bedeutung, weil bei den evangelischen Christen die Predigt der Mittelpunkt des Gottesdienstes ist. Um die Predigt besser hören zu können, werden Kanzeln an der Wand befestigt oder stehen hoch im Raum. Ein kleines Dach über der Kanzel bricht den Schall. Oft sind Kanzeln mit biblischen Bildern (z.B. von Evangelisten) oder Zeichen verziert.

In katholischen Kirchen werden vom Ambo aus die Lesung und die Predigt gehalten. In evangelischen Kirchen wird am Lesepult oder am Altar aus der Bibel gelesen und Mitteilungen an die Gemeinde weitergegeben.

Kerzen erinnern symbolisch an das Jesuswort: „Ich bin das Licht der Welt. Wer mir nachfolgt, wird nicht wandeln in der Finsternis, sondern wird das Licht des Lebens haben" (Joh 8,12).

Auf Kerzen finden sich Symbole wie das Kreuz, der Fisch oder ein Schiff. Eine Osterkerze wird in der Nacht vor Ostern erstmals angezündet und steht bis Pfingsten neben dem Altar. Aus rotem Wachs trägt sie ein griechisches A und O (Alpha und Omega: Gott ist Anfang und Ende) sowie fünf Punkte, um die Wunden Jesu am Kreuz darzustellen.

In katholischen Kirchen finden sich auch kleine Kerzen, die man kaufen und anzünden kann (Opferkerzen). Sie stehen meist in der Nähe eines Heiligen- oder Marienbildes. Außerdem gibt es in katholischen Kirchen zwölf Apostelkerzen, die an die Apostel Jesu erinnern.

Kirchenbänke oder Stühle laden dazu ein, in der Kirche Ruhe zu finden. Je nach Tradition wird im Gottesdienst zu unterschiedlichen Zeiten aufgestanden und sich wieder hingesetzt (aufstehen z.B. bei Liedern, bei Gebeten, beim Glaubensbekenntnis, beim Predigttext, beim Segen). In katholischen Kirchen gibt es Bänke, auf denen man knien kann. Dies macht man besonders bei der Eucharistie, der katholischen Abendmahlsfeier. Bevor sie die Kirchenbank betreten, machen viele katholische Christen einen Knicks, und sie verbeugen sich in Richtung des Altars.

Kirchenfenster tauchen eine Kirche in farbiges Licht, das früher als himmlisches Licht verstanden wurde. Meist sind sie mit christlichen Symbolen, Bildern zur Bibel oder bedeutenden Menschen der Kirche ausgestattet. Farbige Glasfenster werden aus Holzasche und gewaschenem Sand hergestellt. Die Glasmasse wird mehrmals auf 600 Grad Celsius erhitzt, gewalzt und zugeschnitten.

Kirchentür/Portal: Portal kommt vom lateinischen Porta Coeli = Himmelstür. Um das Portal alter Kirchen herum gestaltete man im Mittelalter Bögen, häufig mit reicher Verzierung oder Bildern vom Letzten Gericht. Vorhallen zum Portal nannte man „Paradies". Beides sollte zeigen: Wer in die Kirche hineingeht, ist auf dem Weg zum Paradies. Heute findet sich vor dem Eingang oft der Schaukasten, in dem wichtige Mitteilungen der Gemeinde aushängen, oder im Eingangsbereich steht ein Tisch, auf dem man mehr über das Kirchengebäude und die Gemeinde erfahren kann.

Kirchturm/Wetterfahne: Früher waren Kirchtürme auch Wach- und Wehrtürme. Die Turmspitze ist der Turmhelm, der unterschiedlich geformt sein kann: spitz, rund oder als Zwiebel. Im Kirchturm sind meist die Glocken, manchmal auch ein Uhrwerk untergebracht. Eine Turmuhr weist darauf hin, dass die Zeit in Gottes Händen liegt. Die Wetterfahne auf der Turmspitze ist meist mit einem christlichen Symbol ausgestattet – beispielsweise ein Hahn (meist bei evangelischen Kirchen als Zeichen für die Wachsamkeit und Erwartung des Gottesreiches) oder ein Kreuz (meist bei katholischen Kirchen).

Kollektenteller/Opferstock: Im Gottesdienst wird um eine Spende, die „Kollekte" (= Sammlung), gebeten. Sie kann für die Arbeit in der eigenen Gemeinde, für besondere Projekte oder für die Arbeit von Hilfsorganisationen (z.B. Brot für die Welt oder Caritas) bestimmt sein. Spenden werden während des Gottesdienstes (mit einem Körbchen oder einem „Klingelbeutel") oder nach dem Gottesdienst am Ausgang (Körbchen, Kollektenteller oder in einem Opferstock) gesammelt. Zusätzliche Spendensammlungen gibt es, wenn etwas Besonderes ansteht (wie z.B. Bau eines Gemeindehauses, Renovierung der Kirche oder der Orgel).

Kreuz: Kreuze hängen oder stehen deutlich sichtbar in jeder christlichen Kirche. Das Symbol Kreuz erinnert daran, dass Jesus Christus am Kreuz gestorben und von den Toten auferstanden ist. So dürfen alle Menschen hoffen, dass Leid und Tod überwunden werden.

In manchen Kirchen hängt eine Figur von Jesus am Kreuz. Das Kreuz mit einem Korpus heißt „Kruzifix". Während die Lutheraner auch ein Kreuz mit Korpus in ihren Kirchen dulden, soll nach reformierter Tradition ein Kreuz sehr schlicht gehalten sein und keinen Korpus tragen. Daher wurden früher in reformierten Territorien (Schweiz, Kurpfalz, Teile Hessens, des Rheinlandes und in Norddeutschland) neben Bildern auch Kruzifixe aus Kirchen entfernt.

Licht: Traditionelle Lichtquellen sind die Kerze und die Kirchenfenster. Seit der Gotik (12. Jh.) spielt Licht im Kirchenbau eine große Rolle. Durch diesen Baustil gelang es, Wände durch große Fenster zu ersetzen. Das Licht verband man mit der Zusage Jesu „Ich bin das Licht der Welt ..." (Joh 8,12).

Liedertafel: Die angebrachten Zahlen zeigen an, welche Lieder aus dem Gesangbuch gesungen werden. Zunächst wurden Kirchenlieder in lateinischer Sprache verfasst. Viele mittelalterliche Lieder finden sich noch in deutscher Übersetzung in den Gesangbüchern. Martin Luther schrieb Lieder in Deutsch – unterlegt mit aktuellen Melodien der damaligen Zeit.

Orgel: Sie steht meist auf der Empore. Da sie mehrere Instrumente in sich vereint, nennt man sie auch „Königin der Instrumente“. Sie ist nämlich ein Tasten- und Blasinstrument. Bei alten Pfeifenorgeln wurde früher der Ton durch einen Blasebalg erzeugt.

Die Orgel wird mit Tasten für die Hände (Manuale vom lateinischen Wort manus = Hand) und für die Füße (Pedale vom lateinischen Wort pedes = Füße) gespielt. Die Registerknöpfe legen die Tonart fest. Durch Ventile und ein Gebläse wird Luft in die Pfeifen geblasen. Große Pfeifen erzeugen tiefe Töne, kleine Pfeifen hohe Töne. Die größte Orgel hat etwa 17000 Pfeifen.

Sakristei: Die Sakristei ist ein Raum in der Kirche, in dem Dinge aufbewahrt werden oder sich Verantwortliche auf den Gottesdienst vorbereiten können. Der Name kommt vom lateinischen Wort sacer = heilig. Wo kein Platz für eine Sakristei ist, gibt es einen Pfarrstuhl, einen kleinen abgetrennten Bereich. Aufbewahrt wird in der Sakristei die Kleidung für den Gottesdienst (Talar, Messgewand, Gewänder der Messdiener in der katholischen Kirche), Kerzen, Altartücher, Abendmahls- oder Taufgeräte, in katholischen Kirchen Weihrauchgefäße oder die Monstranz.

Für den Fall, dass ein Prediger überraschend krank wird, liegt in evangelischen Kirchen oft auch eine Vorlesepredigt bereit, damit ein Gemeindeglied eine Predigt vorlesen kann.

Taufstein/Taufbecken stehen heute in der Regel in der Nähe von Kanzel und Altar. Früher standen sie im Eingangsbereich, da Nichtgetaufte die Kirche nicht betreten durften. Es gab sogar eigene Taufkirchen (Baptisterien).

Wenn heute eine Kirche keinen Taufstein hat, gibt es ein Taufgeschirr, das in der Sakristei aufbewahrt wird. Alte Taufsteine haben ein tiefes Becken, da früher Täuflinge ganz untergetaucht wurden (Taufe kommt von dem Wort „tauchen“). Heutzutage bekommt der Täufling lauwarmes Wasser über den Kopf gegossen. Pfarrer/innen sagen: „Ich taufe dich im Namen des Vaters und des Sohnes und des Heiligen Geistes“. Taufe bedeutet, dass man zu Gott und der Gemeinschaft der Kirche gehört.

Die Kindertaufe ist weit verbreitet. Doch gibt es auch viele christliche Gemeinschaften, in denen die Erwachsenentaufe üblich ist. In ihnen werden die Täuflinge erst als Jugendliche oder Erwachsene getauft.

Zahlen spielten im Kirchenbau früher eine große Rolle. Höhen- und Längenmaße alter Kirchen wurden durch Zahlenspiele festgelegt. Die ewige Harmonie im Kosmos basiert auf folgenden Zahlen:

- **Drei:** Durch die Trinität (Dreifaltigkeit von Vater, Sohn und Heiligem Geist) wird die Drei als vollkommene „himmlische“ Zahl angesehen.
- **Vier:** Gilt als Zahl des Universums (vier Himmelsrichtungen, vier Elemente, die vier Ströme des Paradieses, die vier Evangelien) – als vollkommene „irdische“ Zahl.
- **Fünf:** Symbol für den Menschen, fünf Finger der Hand (Vollkommenheit). Erinnerung an die Wundmale Jesu (Osterkerze).
- **Sechs:** Sechs Tage der Schöpfung; zweimal die vollkommene Zahl Drei.
- **Sieben:** Umfasst das Göttliche und Irdische (Drei und Vier).
- **Acht:** Achteckige (Tauf-)Kirchen symbolisieren die geistige Neugeburt nach der Taufe. Die Zahl ist außerdem Symbol für die Auferstehung der Toten und die Vollendung aller Dinge. Die Acht weist auf die acht Seligpreisungen hin.
- **Neun:** Dreimal die vollkommene Zahl Drei. Im Himmel soll es nach der Tradition je drei Cherubime, drei Seraphime und drei Throne geben.
- **Zwölf:** Umfasst das Göttliche und Irdische (Dreimal Vier). Diese heilige Zahl erinnert an die zwölf Stämme Israels und die zwölf Apostel. (Auch 144 = 12 mal 12 gilt als heilige Zahl).

Zentrum der Kirche: Von Papst Gregor dem Großen (um 600) ist im Blick auf die Eucharistie der Satz überliefert: „Denn wer von den Gläubigen möchte zweifeln, dass gerade in der Opferstunde ... die Himmel sich auftun. Oben und Unten verbinden sich Himmel und Erde, Sichtbares und Unsichtbares werden eins“. Ort der Gottesbegegnung ist hier der **Altar.** Daher nimmt er in römisch-katholischer Tradition eine zentrale Stellung ein.

Vom evangelischen Theologen Heinrich Bullinger ist der Satz „Praedicatio Verbum dei est Verbum dei“ („Die Predigt des Wortes Gottes ist das Wort Gottes“) überliefert. Dies zeigt, dass im reformatorischen Verständnis die Predigt des Wortes Gottes zum Ort der Gottesbegegnung wird. Daher steht dort die **Kanzel** im Zentrum eines Kirchenbaus. Der Altar verliert an Bedeutung und wurde an vielen Orten zum Tisch, besonders in reformierter Tradition.

Besonderheiten einer katholischen Kirche

Beichtstuhl: Er hat Kabinen, in denen zu besonderen Zeiten ein Priester sitzt. Katholische Christen können ihm ihre Sorgen mitteilen und vor Gott bekennen, was sie falsch gemacht haben. Der Priester kann im Namen Gottes und der Kirche Vergebung zusprechen: „Ich spreche dich im Namen des Vaters, des Sohnes und des Heiligen Geistes los von deiner Schuld" (Absolution = Freisprechung). Heute wird der Beichtstuhl seltener benutzt. Ein Beichtgespräch findet meist im Büro des Priesters, in der Sakristei oder einem Beichtzimmer statt.

Heilige: In der katholischen Kirche werden Heilige besonders verehrt. Kirchen haben oft Namen von Heiligen (Sankt = heilig). Früher hatte jede Stadt und selbst jede Berufsgruppe einen Heiligen, unter dessen Schutz sie sich stellten. Um heiliggesprochen zu werden, müssen Menschen ein vorbildliches Leben geführt und Wunder vollbracht haben. Sie werden von einer Kommission ausgewählt und vom Papst zunächst selig und später dann heiliggesprochen. An Heilige wenden sich Menschen, wenn sie ein besonderes Anliegen haben. Sie werden auch an bestimmten Tagen verehrt (Namenstage). Früher hatte man Kinder nach dem Namen des Heiligen benannt (Tag der Geburt oder Taufe). Martin Luther wurde beispielsweise am Martinstag getauft. Heute weisen Kalender auf diese Namenstage hin, die in manchen Regionen (z.B. Bayern) wichtiger als Geburtstage sind.

Berühmte Heilige, nach denen viele Kirchen benannt sind: Petrus, Paulus, Franziskus, Jakobus oder Johannes.

Maria: In katholischen Kirchen findet man meist mehrere Bilder oder Skulpturen von Maria. Die Mutter Jesu wird nach katholischer Tradition auch „Mutter Gottes" genannt. Dargestellt wird sie meist mit dem Jesuskind auf dem Arm. Manchmal trägt sie auch den verstorbenen Jesus (= Pieta). Maria wird von katholischen Christen an besonderen Feiertagen verehrt (z.B. der 15. August = Mariae Himmelfahrt ist in Bayern Feiertag). Auch sie soll, wie Jesus, „unbefleckt" empfangen worden und in den Himmel aufgefahren sein. Aufgrund der Nähe zu Gott und Jesus richten Menschen ihre Gebete direkt an sie, wenn sie Sorgen haben oder in Not geraten sind. Das Rosenkranzgebet, das sich an Maria richtet, ist eines der wichtigsten Gebete der katholischen Tradition.

Tabernakel, Ewiges Licht und Monstranz: In der Nähe des Altars hängt oder steht ein kleines Schränkchen. Oft ist es mit Symbolen wie einem Laib Brot oder einer Ähre und mit einer Weintraube oder einem Kelch verziert. Das Schränkchen heißt Tabernakel und bedeutet in der lateinischen Sprache Zelt oder Hütte.

Das Abendmahl ist für katholische Christen das Zentrum des Gottesdienstes (Eucharistie = Danksagung oder auch Kommunion = Gemeinschaftsmahl). Katholiken glauben, dass der Priester im Gottesdienst die Brot-Oblaten in den Leib Christi verwandelt und den Wein in Christi Blut. Diese Wesensverwandlung wird Transsubstantiation genannt. Jesus ist somit leiblich anwesend. Die Oblaten werden nach der Wandlung Hostien (lateinisch Opfertier, Schlachtopfer) genannt. Im Tabernakel werden die geweihten Hostien aufbewahrt. Das Ewige Licht befindet sich in der Nähe des Tabernakels. Es zeigt, dass Christus in der Hostie nahe bei den Menschen ist. An Fronleichnam trägt man die Hostie in einer Monstranz, einem Zeigegefäß, durch die Straßen.

Weihwasserbecken: Am Eingang katholischer Kirchen steht ein Weihwasserbecken. Das Wasser wurde vom Priester geweiht. Wenn man die Kirche betritt, tauchen katholische Christen die Fingerspitzen in das Wasser. Dann bekreuzigen sie sich. Zuerst berührt man den Kopf, dann den Bauch, dann die linke und schließlich die rechte Brust. Beim Bekreuzigen sagt man leise: „Im Namen des Vaters und des Sohnes und des Heiligen Geistes". Durch das Weihwasser drückt man aus, dass man mit reinem Herzen die Kirche betreten will. Außerdem erinnert das Wasser an die Taufe. Wenn man das Wasser berührt, soll man sich erinnern, dass man getauft ist und zur Gemeinschaft der Christen gehört. Auch bei der Taufe wird in der katholischen Kirche geweihtes Wasser verwendet.

Kreuzwegstationen:

1. Jesus wird zum Tode verurteilt.
2. Jesus nimmt das Kreuz auf seine Schultern.
3. Jesus fällt zum ersten Mal unter dem Kreuz.
4. Jesus begegnet seiner Mutter.
5. Simon von Kyrene hilft Jesus, das Kreuz zu tragen.
6. Veronika reicht Jesus ein Schweißtuch.
7. Jesus fällt zum zweiten Mal unter dem Kreuz.
8. Jesus begegnet den weinenden Frauen.
9. Jesus fällt zum dritten Mal unter dem Kreuz.
10. Jesus wird seiner Kleider beraubt.
11. Jesus wird ans Kreuz geschlagen.
12. Jesus stirbt am Kreuz.
13. Jesus wird in den Schoß seiner Mutter gelegt.
14. Der Leichnam Jesu wird ins Grab gelegt.

Hinweis: Im Buch „Jesus Christus" der Reihe ReliBausteine, S. 71–73, sind Bilder eines Kreuzwegs und dessen Erschließung zu finden.

Didaktisch-methodische Überlegungen

Kinder sollen **im Umgang mit dem Kirchenraum und für eine Begegnung mit der Kirchengemeinschaft** gerüstet sein. Sie lernen dabei Kirche als sichtbares Haus aus Steinen sowie die sichtbare und unsichtbare Kirchengemeinschaft kennen. Folgende Aspekte und Teilkompetenzen sollen dabei bedacht werden:

Aspekt/Teilthema	Kompetenzen am Ende der Primarzeit
Kirche als Haus aus Steinen Kirche als Ort, an dem Frömmigkeit, Glaubenstraditionen und Konfessionen sichtbar Ausdruck finden: • Elemente einer Kirche • Christliche Zeichen und Symbole • Evangelischer und katholischer Kirchenbau • Baustile von Gotteshäusern damals und heute	**Lernende können** • Elemente eines Kirchenbaus beschreiben und erklären (Sachkompetenz). • Kirchenräume ansatzweise deuten (Deutungskompetenz). • ihre Vorlieben im Blick auf den Kirchenbau benennen (Ästhetische Kompetenz). • verschiedene Traditionen und Epochen anhand von Kirchen unterscheiden.
Kirche als Haus aus Menschen • Kirche – da ist was los (Aktivitäten in einer Gemeinde). • Kirche – da hilft man sich (Diakonie). • Kirche – da arbeiten viele mit (Mitarbeitende).	• die Vielfalt der Aktivitäten von Kirche benennen. • organisatorische, diakonische, seelsorgerliche und pädagogische Aufgaben von Kirche unterscheiden. • die Motivation von Menschen, die in der Kirche mitarbeiten, erläutern.
Kirche als Ort des Gottesdienstes • Kirche als Ort der Gottesdienstfeier, der Ruhe und Besinnung • Vielfalt von Gottesdiensten • Aufbau und Elemente eines Gottesdienstes	• die Funktion eines Kirchengebäudes als Ort der Ruhe, Besinnung und Feier benennen und kirchliche Gottesdienstformen grob unterscheiden. • den Aufbau eines Gottesdienstes in seiner Grundstruktur beschreiben und ihn teilweise mitgestalten.

Didaktische Überlegungen zur Kirchenerkundung

Kirchenerkundungen haben **Aufgabe und Ziel** …
- sachkundlich eine Orientierung zu ermöglichen und christliche Symbole deuten zu lernen.
- ansatzweise Weltverständnis, den Glauben und die Hoffnung von Menschen zur Zeit des Kirchenbaus und der heutigen Nutzer erschließbar zu machen.
- in den Ort des gemeinsamen Gottesdienstes und seiner liturgischen Elemente einzuführen.

Vorbereitung und Klärungen im Vorfeld:
- Zunächst sollte geklärt werden, ob sich Kinder bereits im Kirchenraum auskennen (z.B. über den kirchlichen Kindergarten, den Kindergottesdienst …). Bei der Entdeckungsphase kann man diesen anspruchsvollere Aufgaben zuweisen.
- Zur Vorbereitung und bei der Durchführung einer Kirchenerkundung ist ein Kontakt mit Ansprechpartner/innen in der Kirche wichtig (z.B. Kirchendiener/in; Pfarrer/in, Pfarramtssekretär/in, Pfarrgemeinderat …). Man sollte mit ihnen verabreden, dass besondere Gegenstände wie z.B. Altar- und Kanzeltuch, Abendmahls- oder Taufgeschirr und beim Besuch einer katholischen Kirche Weihrauchgefäß oder eine Monstranz bereitstehen. So können die Kinder einen umfassenderen Ein-

druck erhalten. Am besten ist es, wenn „Experten“ wie die Pfarrer/innen oder Kirchendiener/innen diese Gegenstände erklären.

- Darüber hinaus gibt es vielleicht zur Vorbereitung einen schriftlichen Kirchenführer oder historische Vereine vor Ort, die einem weiterhelfen.
- Im Vorfeld sollte auch über den Namen der Kirche (z.B. Pauluskirche, St. Lukas, Johanneskirche ...) recherchiert werden. Die Geschichten oder Legenden über die Namensgeber können Bestandteil einer Kirchenerkundung sein, da oft Bilder oder Skulpturen vorhanden sind.
- Wenn Kinder noch nie eine Kirche besucht haben, sollten sie darauf hingewiesen werden, dass die Kirche auch ein Ort der Ruhe und Besinnung ist.

Für die Vorbereitung im Unterricht sind die **Entdeckerkarten** (S. 31–43) gedacht, die als Zuordnungsaufgabe und Begriffstrainer eingesetzt werden können. Text- und Bildkarten (linke und mittlere Karte) werden einander zugeordnet. Dies kann als Memory-Spiel umgesetzt werden. Auch die Gestaltung eines **Erkundungsheftes** (S. 31–32) dient dem nachhaltigen Lernen. Für eine Kirchenerkundung können auch Gegenstände wie ein Kompass, eine Taschenlampe, ein Zollstock oder ein Fernglas für Details hilfreich sein.

Kirchenbesuch

Nach einer Außenerkundung wird gemeinsam der Innenraum erkundet. Er kann emotional erschlossen werden (umschauen, riechen und hören: S. 30; das Singen eines Liedes wie z.B. „Kommt, wir gehen in die Kirche“ kann das Hörerlebnis vertiefen).
Die **Entdeckerkarten** (S. 33–43) können nun in Einzel- oder Partnerarbeit eingesetzt werden. Die Impulse (Aufgabenspalte rechts) dienen der intensiveren Wahrnehmung. Wenn man Kinder mehrere Gegenstände erschließen lassen möchte, braucht man etwa eine viertel Stunde pro Entdeckerkarte. In einer Stunde können Kinder etwa vier bis fünf Karten mit Impulsen bearbeiten (z.B. Kirchenbank/Stuhl, Altar, Kanzel, Orgel, Gesangbuch). Wenn Kinder eine Digitalkamera mitbringen, können sie ihre Erkundung dokumentieren.
Mit älteren Kindern (Klasse 4–8) kann man **Kirchen unterscheiden** lernen. Dies ist möglich, indem man als evangelische Lerngruppe eine katholische Kirche besucht (Grundkarten katholische Kirche) und umgekehrt. Eine weitere Möglichkeit ist, Kirchen aus verschiedenen Epochen unterscheiden zu lernen. Viele Baustile haben eindeutige Kennzeichen (runde und spitze Bögen bei der Romanik und in der Gotik, Verspieltheit des Barock und die Schlichtheit moderner Kirchen). Gemeinsamkeiten und Unterschiede sowie Besonderheiten des Baustils herauszufinden, macht Kindern Spaß (vgl. hierzu „Wo Gott verehrt wurde“ S. 39–42).

Kreative Impulse zu „Kirche als Haus“

Zur Nacharbeit eines Kirchenbesuchs oder zur Vertiefung des Themas kann mit Kindern ...

- ein **Entdeckerheft Kirche** angefertigt werden, in dem die Texte und Zeichnungen der Grundkarten sowie eigene Notizen oder Fotos ihren Raum haben (S. 31–32).
- mithilfe eines Grundrisses und Symbolen die **Einrichtung** der besuchten Kirche nachgestellt werden (S. 44–45).
- ein **Kirchenfenster** gestaltet werden. Hierzu eignet sich die Rosette (S. 46) oder das gegliederte Kirchenfenster (S. 47). Anspruchsvoll ist die Arbeit mit Buntglasabfällen, die auf eine Glasplatte geklebt und deren Lücken mit schwarzem Plastilin ausgefüllt werden.
- ein **Kirchenmodell** nachgebaut werden (S. 48).
- ein **Gewölbe** gebaut werden. Nur durch das Konstrukt eines Gewölbes konnte man früher Kirchen hoch bauen. Glatte oder lackierte Baumaterialien sind weniger, Styropor, Holz oder raue Steine besser geeignet. Für die Rundung braucht man eine Füllmasse (z.B. Knet).

- Schließlich kann man auch **Bilder** für eine Kirche, beispielsweise einen Kreuzweg, selbst gestalten.

Didaktische Überlegungen zu Kirche als Haus aus Menschen

Ziel und Aufgabe ist es,
- zu vermitteln, wie sich die Kirchengemeinschaft organisiert und welche Aktivitäten es gibt.
- aufzuzeigen, wer alles in einer Gemeinde mitarbeitet und, wenn möglich, eine Begegnung mit Menschen einer Gemeinde zu ermöglichen.

- Mithilfe der Bausteine „Kirche: Da ist etwas los“ (S. 53–63) werden unterschiedliche Aktivitäten und Arbeitsfelder von Kirche vorgestellt. Um die Vielfalt der organisatorischen, diakonischen, seelsorgerlichen und pädagogischen Aufgabenfelder von Kirche unterscheiden zu können, wird durch das Wimmelbild (S. 53–54) ein Überblick geschaffen. Hierbei sollte gefragt werden, ob Kinder bestimmte Arbeitsbereiche bereits kennen (z.B. Kindergarten oder Kindergottesdienst). In einem Gemeindebrief kann man nachsehen, welche Angebote es in der Gemeinde vor Ort gibt.
- Ein Schwerpunkt hierbei ist: „Kirche hilft“ – das diakonische Aufgabenfeld. Hierbei stellt sich die Frage, in welchen Lebenslagen Menschen besondere Hilfe benötigen (z.B. Kinder, Kranke oder alte Menschen). Die Ökumenische Sozialstation (S. 59), ein Kindergarten (S. 58) oder ein Altenheim sind hier Beispiele, die vorgestellt oder besucht werden können.
- „Kirche: Da arbeiten viele mit!“ (S. 62–63) beleuchtet Menschen, die als Haupt- oder Ehrenamtliche eine Gemeinde prägen. Dabei soll auch die Motivation beleuchtet werden, warum sie diese Arbeit tun. Ergänzt werden kann dieser Baustein durch ein Expertengespräch oder ein Interview mit einem/einer Mitarbeiter/in. Vielleicht hat ein Familienangehöriger der Kinder eine Funktion in der Gemeinde.
- Kreativ kann man hier ein Kirchenhaus als Fotocollage „Wir sind eine lebendige Kirche“ gestalten. Auf ein großes Plakat wird die Form einer Kirche aufgetragen. Darauf können Fotos aller Kinder und von Personen geklebt werden, die in einer Gemeinde mitarbeiten.

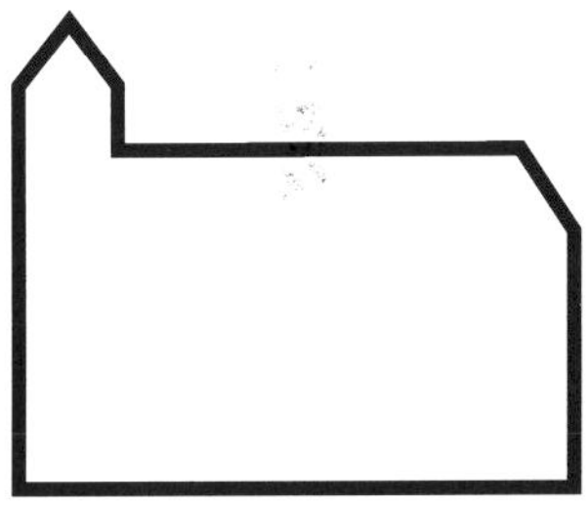

Didaktische Überlegungen zu Kirche als Ort des Gottesdienstes

Ziel und Aufgabe ist es,
- Kirche als Ort des Gottesdienstes und der Meditation wahrzunehmen.
- Gottesdienste in ihrer Grundstruktur begreifbar zu machen.
- Impulse zu geben, selbst einen Gottesdienst zu gestalten.

- In einem Kirchengebäude sind Gegenstände zu finden, die im Gottesdienst eine bestimmte Funktion haben. Dies sollte bei einer Kirchenerkundung bedacht werden.
- Es gibt unterschiedliche Gottesdienstformen – vom Gemeindegottesdienst mit und ohne Abendmahl bis zum Kindergottesdienst. Dieses differenzierte Angebot kann Kindern bereits früh vermittelt werden (S. 64).
- Die Grundelemente des Gottesdienstes werden für Kinder in den ersten Schuljahren elementar in fünf Schritten beschrieben (S. 67). Ab Klassenstufe 3 können Grundelemente des Gottesdienstes selbst gestaltet werden (S. 68–70). Diese Bausteine dienen zunächst zur Orientierung für Lehrende, aber auch als Anregung für eine konkrete, gruppenteilige Vorbereitung eines Gottesdienstes.
- Empfohlen wird, einen freiwilligen Gottesdienstbesuch am Sonntag anzubieten – wenn möglich mit einer Taufe (S. 65). Im Unterricht kann dann aufgearbeitet werden, was die Gottesdienstbesucher der Lerngruppe erlebt haben.
- Schließlich kann man in das Gesangbuch einführen und kindgemäße Lieder daraus singen (z.B. „Der Gottesdienst soll fröhlich sein“, EG 169). Ein Klassensatz Gesangbücher kann man für diesen Zweck sicherlich in der Gemeinde ausleihen.

Symboldidaktische Schwerpunkte beim Themenkreis Kirche

Das symboldidaktische Arbeiten zum Thema „Kirche“ kann sich auf unterschiedliche Grundsymbole beziehen:

- **Haus** (S. 19): Begriff „Gotteshaus“; „Ökumene“ (kommt von „oikos“ = Haus); Bild vom gemeinsamen Hausbau. Biblischer Bezug: „Bau dein Haus nicht auf einen Untergrund aus Sand, sondern auf einen Felsen“ (Mt 7,24–27).
- **Schiff** (S. 19): „Kirchenschiff“; Gesangbuchlied: „Ein Schiff, das sich Gemeinde nennt“; Ökumenezeichen. Biblischer Bezug: Sturmstillung (Mt 8,23–27).
- **Wasser:** Taufbecken oder Weihwasserbecken. Biblischer Bezug: „Wassergeschichten“ der Bibel (Schöpfung, Arche Noah, Mose im Nil, Durchzug durchs Schilfmeer, Trauer an den „Flüssen von Babylon“) und Taufgeschichten der Bibel (z.B. Taufe Jesu; Äthiopischer Kämmerer Apg 8,29 ff.).
- **Tisch:** Zum Beispiel Altar; Abendmahl. Biblischer Bezug: Tischgemeinschaft der ersten Christen (Apg 2–4); das große Gastmahl (Lk 14); das letzte Abendmahl (Mk 14).
- **Licht:** Altar- oder Taufkerze, Kirchenfenster. Biblischer Bezug: Jesus als „Licht der Welt“ (Joh 8,12).
- **Tür:** Portal. Biblischer Bezug: Jesus als „Tür“ (Joh 10,9).

Ergänzende Bände der Reihe ReliBausteine primar:

- **ReliBausteine primar: „Unsere Kirchen. Evangelisch – Katholisch – Ökumenisch“**, Speyer/Stuttgart, 3. Auflage 2017, die christlichen Konfessionen und der Weg der Ökumene, bietet Basisinformationen zur Kirchengeschichte, zu Martin Luther und die Reformation, zum Kirchenjahr und zum christlichen Glauben.

- **ReliBausteine primar: „Kirchenjahr und Lebensfeste“**, Speyer/Stuttgart 2018, führt in die wichtigsten christlichen Feste im Kirchenjahr und in die Riten in den Übergängen des Lebens ein. Dabei werden auch Besonderheiten der Konfessionen berücksichtigt.

- **ReliBausteine primar „Religionen der Welt“**, Speyer/Stuttgart, 2. Aufl. 2017, führt in die Weltreligionen ein und bietet Material, das in Ergänzung zu diesem Band beim Thema „Gebetshäuser“ anderswo eingesetzt werden kann.

Ergänzende Bände der Reihe „Kennst du ...“

Die Heftreihe „Kennst du ...“ ist für die Hand der Schülerinnen und Schüler gedacht. Ergänzend zu diesem Band gibt es zum Themenspektrum „Kirche“ die Hefte:

- **„Kennst du ... Die Kirche“**, Speyer/Stuttgart 2015, mit den Schwerpunkten „Kirche erkunden“ und „Konfessionen“.
- **„Kennst du ... Martin Luther“**, Speyer/Stuttgart, 3. Aufl. 2017, mit dem Schwerpunkt Reformation.
- **„Kennst du ... Das Kirchenjahr“**, Speyer/Stuttgart 2019, als Leitfaden durch das Kirchenjahr.

Literatur zu „Kirche erkunden“:

- Göcke-Seischab, Margarete / Ohlemacher, Jörg: Kirche erkunden – Kirche erschließen. Ein Handbuch. Köln 2010.
- Landgraf, Michael: Kirche erkunden. Religionspädagogische Hefte 4/2000, Speyer 2000.
- Rupp, Hartmut: Handbuch der Kirchenpädagogik (Band 1 und 2), Stuttgart 2017.

Überblick über die Bausteine

Zugänge

Titel	Lernende können …	Schwierigkeitsgrad	Seite
Lied: Die Kirche ist ein Haus	mithilfe des Liedes die Vielfalt des Begriffs „Kirche“ umschreiben. (Es kann als Begleitlied für die gesamte Einheit genutzt werden).	🔔	17
Kirche – das meint	vier Aspekte von Kirche unterscheiden (Kirche als Bauwerk, als Gemeinschaft der Christen, als diakonische Hilfe am Nächsten und als Gottesdienstgemeinschaft).	🔔	18
Symbole für die Kirche	Haus und Schiff als Symbole für die Kirche benennen und die Bedeutungsvielfalt der Begriffe zusammenfassen.	🔔🔔	19

Kirche – ein Haus aus Steinen

Titel	Lernende können …	Schwierigkeitsgrad	Seite
Lied: Kommt, wir gehen in die Kirche	anhand des Liedes wichtige Gegenstände eines Kirchengebäudes benennen. (Weitere Strophen können dazugedichtet und Körperbewegungen zusammen mit den Kindern entwickelt werden.)	🔔	20
Kirchenmäuse Martin und Peter erzählen …	(Die Kirchenmäuse dienen als Begleitfiguren/Stabfiguren zum Thema „Kirche“. Wenn Kinder als „Experten“ auftreten, können sie mit diesen ihre Ergebnisse präsentieren.)	🔔	21
Wie sehen Kirchen aus?	aus ihrer Erinnerung Kirchenbauten beschreiben sowie die Ausmalkirche kolorieren.	🔔	22
In der Kirche stimmt was nicht	in einem Rätselbild zehn Fehler entdecken, was in einer Kirche nicht vorkommt.	🔔	23
Rundgang durch eine evangelische Kirche	vor einem Kirchenbesuch in einem Überblick die wichtigsten Gegenstände einer evangelischen Kirche beschreiben.	🔔	24
Rundgang durch eine katholische Kirche	vor einem Kirchenbesuch in einem Überblick die wichtigsten Gegenstände einer katholischen Kirche beschreiben.	🔔🔔	25
Was man über eine Kirche wissen sollte	detailliert auch Fremdbegriffe einer Kirche benennen (Außen- und Innenerkundung, kleine Glocken- und Orgelkunde).	🔔🔔🔔	26–27
Zeichen in der Kirche	Symbole erklären, die in einer Kirche zu finden sind. (Arbeitsblatt S. 29 ist für Fortgeschrittene gedacht.)	🔔 🔔🔔🔔	28–29
Augen, Ohren, Nase auf: Kirche erkunden mit allen Sinnen.	anhand der Impulse eine Kirche ganzheitlich erkunden. (Die Aufgaben können auch gruppenteilig erledigt werden).	🔔	30
Entdeckerkarten Kirche: Hinweise	mithilfe der Entdeckerkarten ein Entdeckerbuch in Din A4 oder Din A5 gestalten. Sie können darin schriftlich ihre Eindrücke sammeln, selbst gemachte Fotos einkleben …	🔔🔔	31–32
Entdeckerkarten Kirche • **Grundkarten** • **Zusatzkarten (falls vorhanden und zugänglich)** • **Zusatzkarten katholische Kirche**	mithilfe der Entdeckerkarten Gegenstände wiedererkennen (**Bildkarte**), beschreiben (**Textkarte**) und ganzheitlich erfassen (**Impulskarte**). (Die Entdeckerkarten dienen zur Vor- und Nachbereitung sowie zur Durchführung einer Kirchenerkundung. Die Karten in der linken und mittleren Spalte können als Lernkarten, als Begriffstrainer, als Domino- oder als Memory-Spiel genutzt werden. Die Impulskarte (rechts) ist für den Kirchenbesuch gedacht. Die kann in Partnerarbeit erfolgen. Der Besuch einer Kirche der anderen Konfession schließt sich in Klassenstufe 4–6 an.	🔔🔔	33–43

Entdeckungen bei einer Kirchenerkundung	anhand eines Grundrisses nach einem Kirchenbesuch entdeckte Gegenstände ordnen. Alternativ können die Entdeckungen auch perspektivisch erfasst werden.	🔔🔔	44–45
Kirchenfenster gestalten	eine Rosette kolorieren oder mit Transparentpapier bearbeiten (für Letzteres auf DIN A3 kopieren). Das Zweite kann mit einer biblischen Geschichte oder mit christlichen Symbolen gestaltet werden.	🔔	46–47
Baumodell: Offene Kirche	(Das Baumodell kann auf DIN A3 vergrößert und zuerst angemalt werden. Dann wird es ausgeschnitten und zusammengeklebt. Es entsteht eine offene Kirche, in die man etwas hineinstellen kann.)	🔔🔔	48
Wo Gott verehrt wurde	einen Überblick darüber geben, an welchen Orten Gott durch die Zeiten hinweg verehrt wurde. (Ergänzend für ältere Schüler/innen.) Für eine Einführung sind die Erzählfiguren gedacht. Die Zeit nach der Reformation kann mit Peter und Martin gestaltet werden (S. 21).	🔔🔔🔔	49–52

Kirche – ein Haus aus Menschen

Titel	Lernende können …	Schwierigkeitsgrad	Seite
Kirche – da ist etwas los!	anhand des Wimmelbildes die Vielfalt der kirchlichen Aufgabenfelder benennen. Dieser Baustein kann mithilfe eines aktuellen Gemeindebriefes oder eines Expertengesprächs/Interviews vertieft werden.	🔔🔔	53–54
Kirche wird geleitet	beschreiben, mit welchen Fragen der Kirchengemeinderat als Leitungsorgan einer Gemeinde umzugehen hat.	🔔	55
Treffpunkt Kirche	erläutern, warum es besondere Angebote zur Freizeitgestaltung gibt und eigene Vorstellungen zu einem Programm formulieren.	🔔	56
Kirche feiert	beschreiben, was alles auf einem Gemeindefest geschieht und einen möglichen Eigenbeitrag zu einem Fest bedenken.	🔔	57
Kinder in der Kirche	an Beispielen zeigen, wie Kirche sich um Kinder kümmert und dies mit Jesu Zuwendung zu den Kindern in Verbindung bringen.	🔔	58
Kirche hilft	den diakonischen Auftrag von Kirche am Beispiel der Versorgung und Betreuung von Kranken deutlich machen.	🔔	59
Kirche musiziert	Musik als wichtige Gemeinschaftsaufgabe von Kirche benennen und selbst ausdrücken, was Musik für sie bedeutet.	🔔	60
Kirche unterwegs	die Rolle von Freizeiten und Ausflügen für das Gemeinschaftsgefühl einer Gemeinde erläutern.	🔔	61
Kirche: Da arbeiten viele mit!	haupt- und ehrenamtliche Mitarbeiter/innen von Kirche und ihre Aufgaben unterscheiden sowie deren Motivation zu dieser Arbeit benennen.	🔔🔔	62–63
Kirche feiert Gottesdienste	Gottesdienstformen unterscheiden und ihre Funktion benennen.	🔔🔔	64
Taufe	mithilfe des Liedes „Ein Kind ist angekommen“ und der Recherche zur eigenen Taufe Funktion und Ablauf der Taufe erläutern.	🔔🔔	65
Kindergottesdienst	das Anliegen des Kindergottesdienstes beschreiben, das Kindergottesdienstlogo entschlüsseln und Ideen entwickeln, wie man selbst einen Kindergottesdienst gestalten kann.	🔔	66
Gottesdienst feiern	in fünf Schritten das Grundgerüst und die Elemente eines Gottesdienstes beschreiben.	🔔🔔	67
Gottesdienst zum Selbstgestalten	anhand der Impulse selbst einzelne Bausteine für einen Gottesdienst entwickeln und sich an dessen Durchführung beteiligen.	🔔🔔🔔	68–70
Kirche als Gemeinschaft	mithilfe der beiden biblischen Gedichtverse den Gemeinschaftscharakter von Kirche kreativ umsetzen.	🔔	71

Die Kirche ist ein Haus

Text: Michael Landgraf; Melodie: Reinhard Horn

aus: ReliHits (Lied 43; CD 2, Lied 14) Kontakte Musikverlag, Lippstadt

Die Kirche ist ein Haus,
wir kommen uns entgegen,
zusammen stehen wir
unter Gottes Segen.
Refrain:

Die Kirche ist ein Haus
gemacht aus vielen Leuten.
Wo Gaben sind vereint,
da kann das nur bedeuten:
Refrain:

Die Kirche ist ein Haus,
in dem man sich gern beisteht,
Gemeinschaft zeigt sich da,
wo's einem wirklich schlecht geht.
Refrain:

Die Kirche ist ein Haus,
feiern kann man da.
Am Sonntag nicht allein,
auch das ganze Jahr.
Refrain:

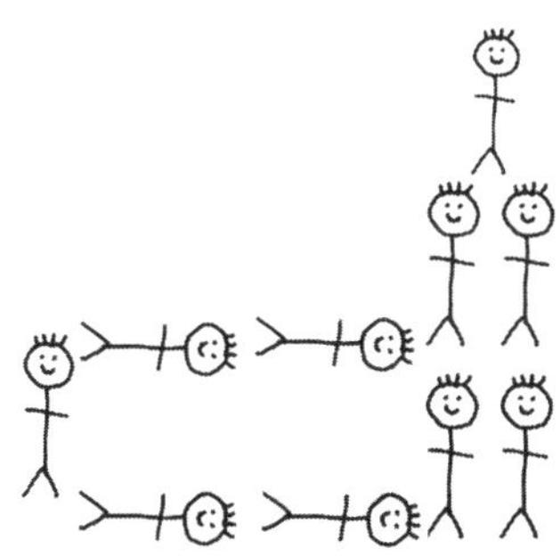

Kirche, das meint …

… ein Gebäude für Gott	… die Gemeinschaft der Christen
… dem beistehen, der Hilfe braucht	… miteinander Gottesdienst feiern

! Das Wort Kirche hat viele Bedeutungen. Du kannst zu jeder Bedeutung ein Bild malen, ein Foto einkleben oder etwas dazu aufschreiben.

Symbole für die Kirche

Für die Kirche werden gerne zwei Symbole verwendet:
Haus und Schiff. Gestalte das offene Haus und das offene Schiff weiter.
Schreibe hinein, was du mit Haus und Schiff verbindest.

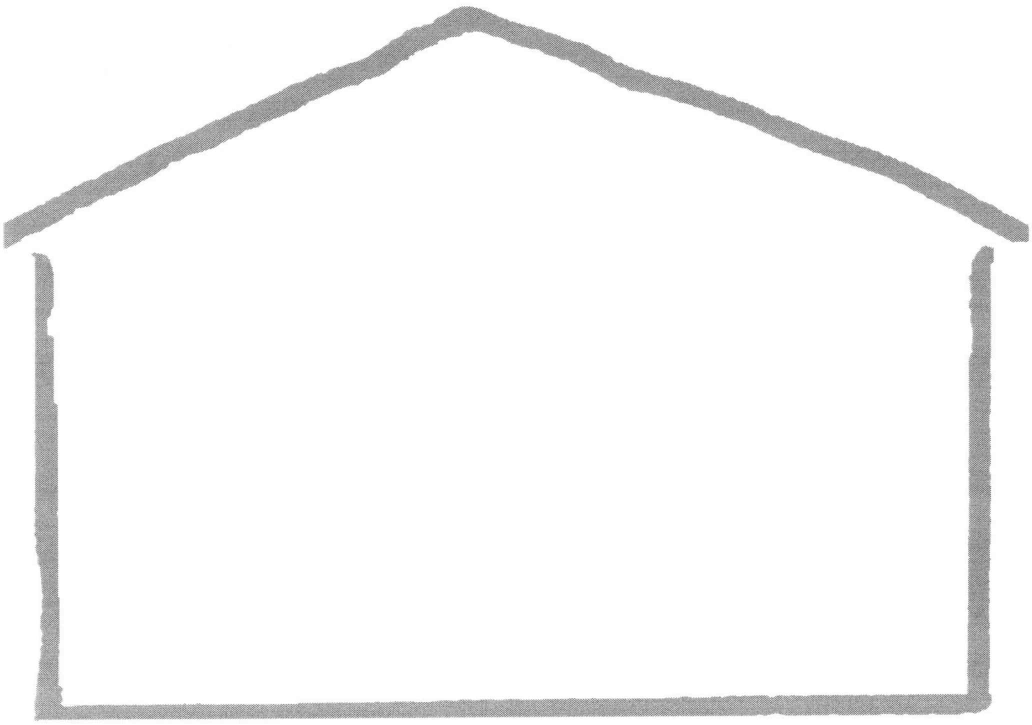

Lied: Kommt, wir gehen in die Kirche

zur Melodie: „Kommt, sagt es allen weiter“
Text: Michael Landgraf

Refrain:
Kommt, wir gehen in die Kirche,
gehn wir in Gottes Haus hinein,
Kommt, wir gehen in die Kirche
Gott selber lädt uns ein.

Sein Haus hat große **Türen**,
die für uns offen sind;
will uns zusammenführen,
ob alt, ob jung, ob Kind.
Refrain:
Kommt, wir gehen in die Kirche …

Sein Haus hat **Stuhl und Bänke**,
dass man sich setzen kann;
so darf zur Ruhe kommen,
bei ihm nun jedermann.
Refrain:
Kommt, wir gehen in die Kirche …

Ein **Kreuz** können wir sehen,
es hängt meist an der Wand;
Ein Zeichen für die Hoffnung,
Gott nimmt uns an der Hand.
Refrain:
Kommt, wir gehen in die Kirche …

Die **Kanzel**, die steht vorne,
von der aus wird erzählt,
was Gott will heute sagen,
mir selbst und aller Welt.
Refrain:
Kommt, wir gehen in die Kirche …

Ein **Tisch** ist hier zu finden,
er wird Altar genannt,
auf ihm, da liegt die Bibel,
damit sie wird bekannt.
Refrain:
Kommt, wir gehen in die Kirche …

Musik macht eine **Orgel**,
aus Pfeifen kommt der Ton;
wir singen schöne Lieder
so freuen wir uns schon.
Refrain:
Kommt, wir gehen in die Kirche …

Welche Bewegungen fallen dir ein zu …

Türen	**Stuhl und Bänke**	**Kreuz**
Kanzel	**Altar/Tisch**	**Orgel**

Erfindet weitere Strophen, z.B. zum Taufstein, zu Bildern oder besonderen Gegenständen in eurer Kirche.

Kirchenmäuse Martin und Peter erzählen …

Martin, die evangelische Kirchenmaus	**Peter, die katholische Kirchenmaus**
Ich heiße Martin und wohne in einer evangelischen Kirche. Meine Kleidung ist ein schwarzer Talar mit einem weißen „Beffchen". Den tragen evangelische Pfarrerinnen und Pfarrer. Den Namen Martin haben mir meine Eltern gegeben. Sie wollten an Martin Luther erinnern. Durch ihn entstand die evangelische Kirche. Ich möchte euch nun durch unsere evangelische Kirche führen.	Mein Name ist Peter, und ich lebe in der katholischen Kirche. Ich trage die Kleidung eines katholischen Pfarrers: ein Messgewand mit einer „Stola". Mein Name erinnert an Petrus. Nach unserem Glauben wurden er und seine Nachfolger von Jesus zum Haupt der Kirche bestimmt. Ich werde euch nun durch unsere katholische Kirche führen.

Wie sehen Kirchen aus?

Kirchen sehen sehr verschieden aus.
Auf den beiden Bildern rechts siehst du, wie vor 1000 Jahren eine Kirche gebaut wurde und wie eine heute aussieht. Auch unterscheiden sich unsere Kirchen von denen in anderen Ländern.

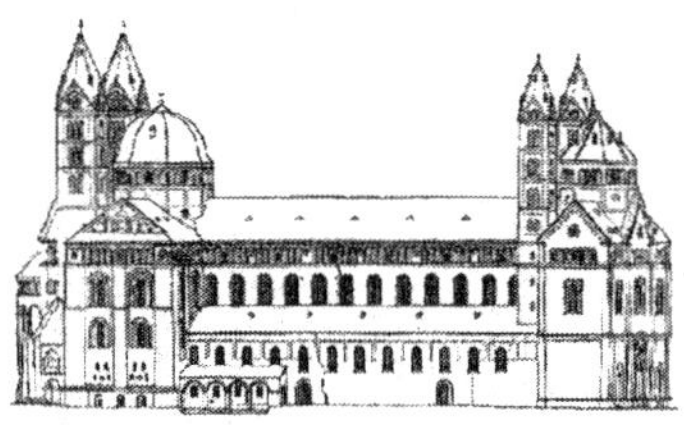

Beschreibe Kirchen, die du bereits gesehen hast. Wie sahen sie aus? Vielleicht findest du Urlaubsfotos mit Kirchen.
Die Kirche oben kannst du übrigens ausmalen!

In der Kirche stimmt was nicht

! In dieser Kirche stimmt was nicht. Könnt ihr die Fehler entdecken?

Ein Telefon steht auf dem Altar.

Das Mikrophon am Lesepult ist ohne Strom.

Einen Wasserhahn am Taufbecken gibt es nicht.

Die Treppe zur Kanzel fehlt.

Neben dem Weinkelch auf dem Altar fehlt das Brot.

Die Bibel liegt auf dem Boden.

Mikrophon an der Kanzel ist weggedreht.

Das Beffchen des Pfarrers hat drei Hälften.

Kerzen brennen nicht, obwohl Gottesdienst ist.

Das dritte Lied an der Liedertafel hat eine viel zu hohe Zahl.

In einer evangelischen Kirche

Wer in eine Kirche hineinkommt, sieht zunächst einmal viele 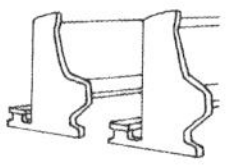 oder Stühle, auf die man sich setzen kann.

In einer evangelischen Kirche ist die 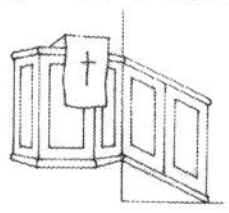 besonders wichtig. Hier wird die Predigt gehalten. Da wird eine Geschichte der Bibel erklärt. Und es wird gesagt, was sie mit unserem Leben zu tun hat.

Wichtig ist auch der 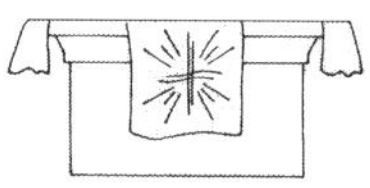. Dort wird gebetet. Hier gibt es auch das Abendmahl mit 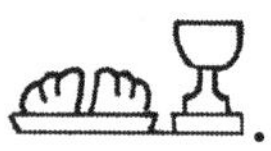.

In der Nähe des Altars steht manchmal auch ein 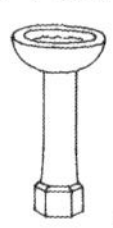. Darin wird mit Wasser getauft, wer in die christliche Gemeinschaft aufgenommen wird.

Licht kommt in die Kirche durch Lampen, aber auch durch bunte  oder durch .

Auch Zeichen wie das 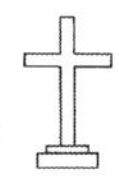 kann man in einer Kirche entdecken. Auf der Kanzel und dem Altar liegt meist eine 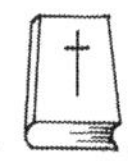.

Beim Eingang oder in den Bänken liegen . Wer wissen möchte, welche Lieder daraus gesungen werden, schaut zur 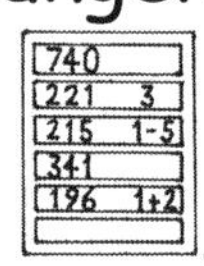

.

Im Gottesdienst begleitet die 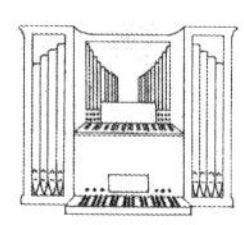 den Gesang.

Viele Kirchen haben einen Turm, in dem sich die  befinden.

Ersetze die Bilder durch folgende Begriffe:
Bibel – Taufbecken – Altar – Orgel – Glocken – Fenster – Bänke – Liedtafel – Gesangbücher – Kerzen – Kanzel – Brot und Wein.

In einer katholischen Kirche

Was man in einer evangelischen Kirche entdecken kann, gibt es auch in einer katholischen.
Am Eingang einer katholischen Kirche findet man ein .
Darin taucht man seine Finger und schlägt damit ein Kreuz.

Besonders wichtig ist der 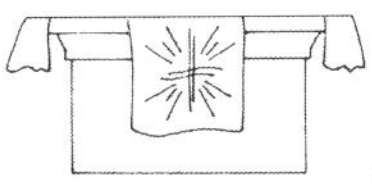. An ihm wird das Abendmahl gereicht - die Eucharistie. Dafür gibt es das Oblaten-Brot, das vom Pfarrer gesegnet wurde. Diese Oblaten werden in einem Kästchen in der Nähe des Altars aufbewahrt.

Das Kästchen heißt 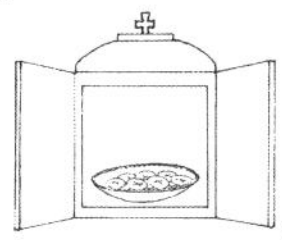.

Neben ihm leuchtet das 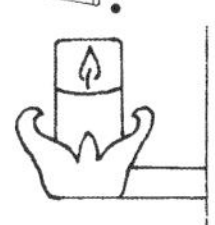.
Das Licht zeigt: Jesus ist mitten unter uns.

Wenn der Pfarrer etwas erklärt oder einen Bibeltext liest, macht er es meist vom  aus.
Das wird Ambo genannt.
An der Wand hängen 14 Bilder von Jesus. Das ist der .
Man erinnert sich da an Jesu Tod und seine Auferstehung.

Dann gibt es den 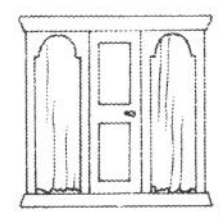. In ihm können katholische Christen dem Pfarrer sagen, was sie auf dem Herzen haben.

In katholischen Kirchen finden sich auch Figuren oder Bilder von  und von .
Zu ihnen beten die Gläubigen, wenn sie etwas bedrückt.

! Ersetze die Bilder durch folgende Begriffe:
Lesepult – Maria – Tabernakel – Altar – Heiligen –
Weihwasserbecken – Kreuzweg – Beichtstuhl – Ewige Licht.

Was man über eine Kirche wissen sollte

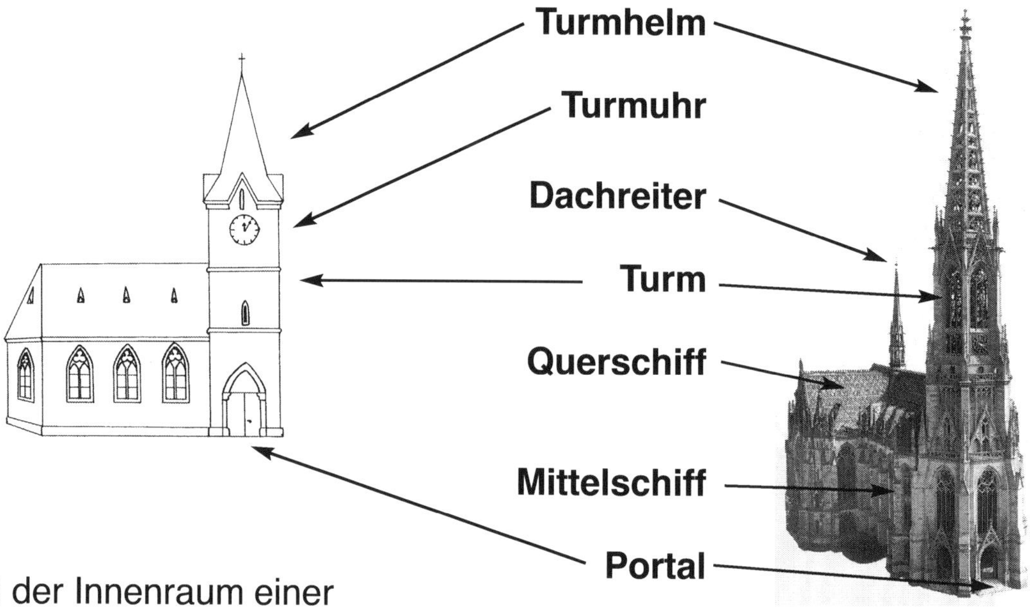

Schiff wird der Innenraum einer Kirche genannt. Es gibt ein Mittelschiff, Seitenschiffe und ein Querschiff.

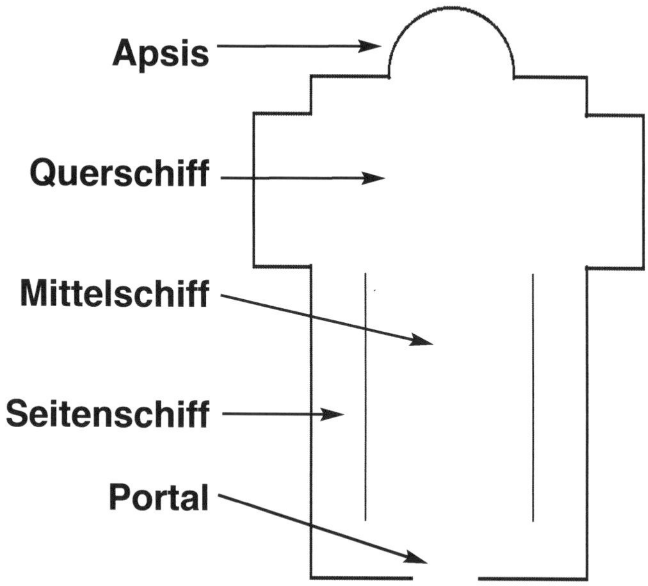

Apsis heißt „Bogen, Wölbung“. Diese Wölbung zeigt, in welche Richtung die Kirche gebaut wurde.

Portal meint „Tür“ (lateinisch: Porta). Da eine Kirchentür früher als „Tür zum Himmel“ bezeichnet wurde, hat sich der lateinische Name gehalten.

Turmhelm nennt man das Dach eines Kirchturms.

Dachreiter wird ein kleiner Turm in der Mitte des Kirchendachs genannt.

Die Fenster und Türen von Kirchen haben unterschiedliche **Formen**.

- **Runde Bögen** gab es bereits vor über 1000 Jahren. Diese Zeit nannte man „Romanik“. Runde Bögen nennt man daher „romanisch“.
- **Spitzbögen** kommen aus der Zeit vor 600 bis 800 Jahren. Diese Zeit nannte man „Gotik“. So heißen spitze Formen „gotisch“.

Wie entsteht eine Glocke?

Glocken werden aus Bronze oder aus Stahl gegossen. Zuvor wird ein Modell aus Ton und Gips hergestellt und mit Wachs überzogen. Dann kommt eine Schicht aus Ton darüber. Das Wachs wird erhitzt und schmilzt. Es bleibt ein Hohlraum. Der wird mit Metall ausgegossen.
Dann wartet man, bis das Metall hart ist. Schließlich befreit man die Glocke von ihrem Mantel aus Ton.

Dies ist die größte Glocke der Welt, die aus Gusseisen hergestellt wurde: die Kaiserglocke in Neustadt an der Weinstraße.

Wie macht die Orgel Musik?

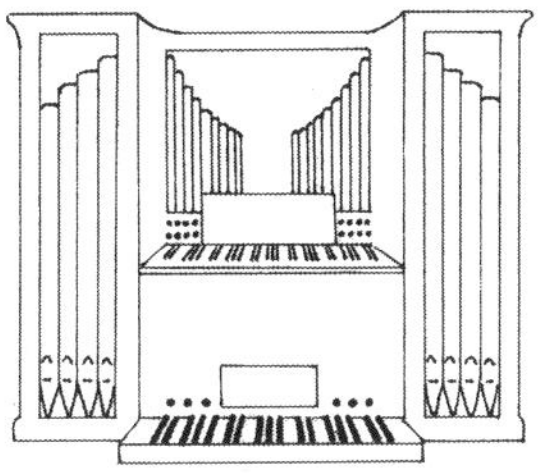

Eine Orgel ist gleichzeitig ein Blas- und ein Tasteninstrument. Früher musste immer jemand einen Blasebalg bewegen, damit die Luft durch die Pfeifen kam. Heute geht das elektrisch.
Ein Organist zieht zuerst die „Register". Damit legt er Grundtöne fest. Dann spielt er mit den Händen und den Füßen das Lied. Die Tasten nennt man bei der Orgel „Manuale" (lateinisch: „manus" = Hand). Mit den Füßen spielt er die „Pedale" (lateinisch: „pedes" = „Füße").

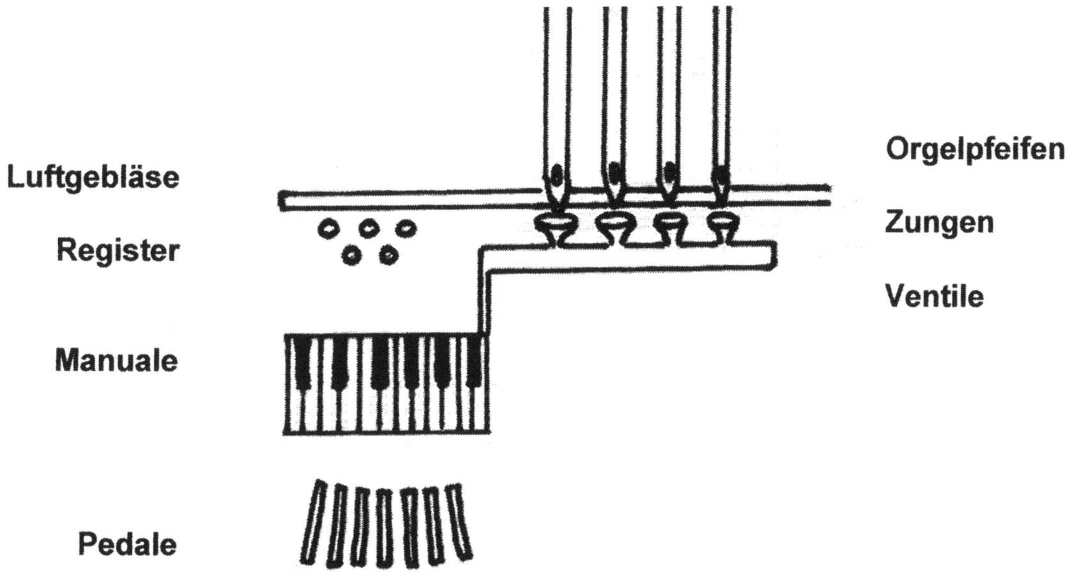

Zeichen in einer Kirche

In der Kirche kann man manche Zeichen und Symbole entdecken.
Sie zeigen, woran Christen glauben.

	Das Kreuz erinnert an den Tod Jesu. Es zeigt: Jesus ist mit denen, die leiden. Das Kreuz erinnert auch an Ostern. Da ist Jesus auferstanden von den Toten. Dies gibt Christen Hoffnung.
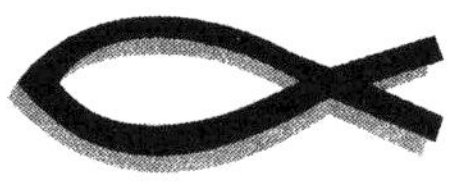	Der Fisch war eines der ersten Zeichen der Christen. Das Wort „Fisch" heißt in der griechischen Sprache ICHTUS. Dies sind die Anfangsbuchstaben des Satzes: „Jesus Christus, Gottes Sohn, unser Retter".
	Das Zeichen zeigt zwei Buchstaben aus dem griechischen Alphabet. Es ist X = „Chi" (Ch) und P = „Rho" (R). Dies sind die Anfangsbuchstaben von „Christus".
	Alpha (A) ist der erste, Omega (O) ist der letzte Buchstabe des griechischen Alphabets. Die Buchstaben sagen: Gott und Jesus sind der Anfang und das Ende - sie sind Herren über die Zeit.
	Das Schiff als Zeichen sagt: Wir sitzen alle in einem Boot. Mit der Aufschrift „Ökumene" betonen Christen: Wir wollen uns besser verstehen und an der Gemeinschaft der Kirchen arbeiten.
	Brot und Wein, Trauben und Ähren, sind Zeichen für das Abendmahl und die Gemeinschaft. Im Abendmahl erinnern sich Christen an Jesus und feiern miteinander.
	Die „Lutherrose" vereint Herz, Rose und Kreuz. Herz und Rose sind Zeichen der Liebe. Sie zeigen: Gott liebt die Menschen. Martin Luther machte diese „Lutherrose" zu seinem Wappen. Das Zeichen findet sich auf Lutherbibeln.

Symbole der Kirche

Anker	verhindert, dass ein Schiff wegtreibt. Den ersten Christen gab der Anker Hoffnung in der Zeit der Verfolgung. Sie sahen in Christus ihren Anker.
C+M+B	Sternsinger malen dieses Zeichen an Häuser. Es ist die Abkürzung für „Christus segne das Haus" (lateinisch: „Christus mansionem benedicat").
Ei	ist ein Zeichen für neues Leben. Damit verbinden Christen die Auferstehung Jesu.
Engel	ist ein Bote Gottes. Durch ihn teilt Gott den Menschen etwas mit und ist ihnen nahe.
Flamme	ist ein Zeichen für den Heiligen Geist Gottes (Pfingstfest).
Hahn	bedeutet Wachsamkeit und Hoffnung. Er weist darauf hin, dass Gottes neue Welt kommen wird.
IHS	sind die Anfangsbuchstaben von „Jesus, der Retter der Menschen" (Lateinisch: „Jesus hominem salvator").
INRI	ist die Abkürzung für „Jesus von Nazareth, König (lateinisch: Rex) der Juden".
Krippe	bedeutet: Aus dem kleinen Kind in der Krippe wird der große Retter der Welt.
Lamm	Wenn Menschen Schuld auf sich geladen haben, wurde früher ein Lamm geopfert. Es ist ein Zeichen für Jesus und bedeutet: Jesus ist für uns Menschen gestorben.
Löwe, Mensch, Stier und Adler	findet man oft an Kanzeln als Zeichen für die vier Evangelien. Das sind Bücher der Bibel, die über das Leben Jesu berichten.
R.I.P	ist die Abkürzung für „Ruhe in Frieden" (lateinisch: „Requiescat in pace").
Regenbogen	erinnert an die Noahgeschichte. Er ist ein Zeichen der Versöhnung zwischen Gott und den Menschen.
Sense/ Totenkopf	erinnern daran, dass alle Menschen sterben müssen, aber auch, dass Gott der Herr über den Tod ist.
Taube	ist das Zeichen für den Heiligen Geist Gottes (Pfingsten). Noah sandte auf der Arche eine Taube aus. Sie kam mit einem Zweig zurück. So ist sie Zeichen der Hoffnung, dass Gott bei uns ist.

Augen, Ohren und Nase auf!

Kirche erkunden mit allen Sinnen

Kirche von außen

- Welchen Umfang hat die Kirche? (Schritte)
- Schätze: Wie hoch ist das Gebäude/der Turm ungefähr?
- Wo liegt die Kirche im Ort? (in der Mitte, am Rand?)
- Welche Form hat die Kirche von oben betrachtet?
  (zum Beispiel: Rechteck, Kreuzform, Rundbau ...)
- Wie sieht die Wetterfahne aus? (Hahn, Kreuz ...)
- Was kann man rund um die Kirche entdecken?
  (zum Beispiel einen Schaukasten, ein Denkmal, einen Friedhof ...)

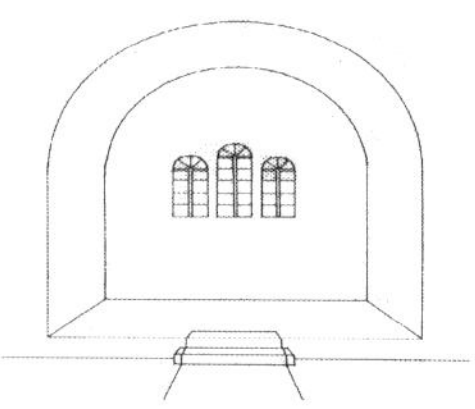

Kirche von innen

- Wie lang und breit ist die Kirche etwa? (Schritte)
- Von den Bänken/den Stühlen aus sieht man ...
- Wie klingt der Raum? Singt ein Lied und/oder hört die Stille.
- Wie riecht es in der Kirche?
- Beschreibe das Licht in dem Raum.
- Suche deinen Lieblingsplatz in der Kirche.

Entdeckerkarten Kirche

Mit den Entdeckerkarten Kirche kann man so einiges machen:

- ❑ Sie dienen zur **Vorbereitung** und **Erkundung** einer Kirche.
  - Die erste Karte zeigt ein typisches Bild eines Gegenstandes.
  - Die zweite Karte gibt dir Informationen dazu.
  - Die dritte Karte gibt Ideen, wie man den Gegenstand erkunden kann.
- ❑ Die Bild- und Informationskarte kann man als **Zuordnungsspiel** verwenden. Zunächst liest man die Karten aufmerksam durch. In Partnerarbeit legt einer die Bildkarte hin. Der andere erklärt, was es mit dem Gegenstand auf sich hat. Oder man kann ein **Memory-Spiel** daraus machen.

- ❑ Die Informationen auf den Karten und eure Entdeckungen könnt ihr in einem **Entdeckerbuch Kirche** zusammenstellen.

Vorderseite

Entdeckerbuch Kirche

von

....

Rückseite

Meine wichtigsten Entdeckungen

Beispiel für eine Entdeckerkarte Kanzel:

Kanzel	**Entdeckungen: Kanzel** ....
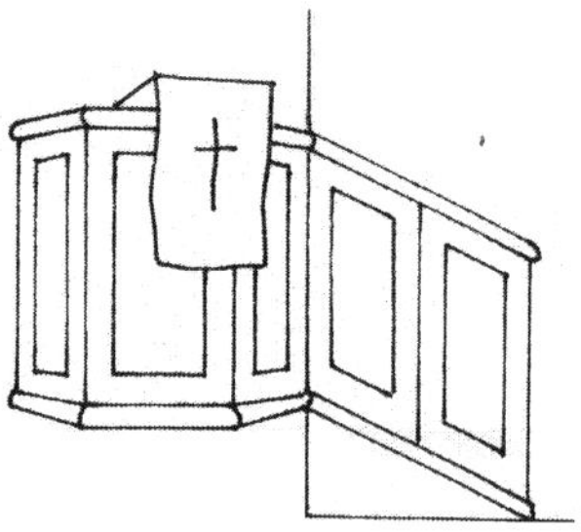 Damit man die Predigt gut hört, ist die Kanzel hoch angebracht. Eine Predigt erklärt, was ein Bibeltext für uns bedeuten kann. In evangelischen Kirchen ist sie das Wichtigste im Gottesdienst. Von der Kanzel hängt ein Tuch in den Farben des Kirchenjahres.	Foto:  Entdeckungen von der Kanzel aus: Bänke, Leute, Altar, Orgel Bibel

Mit dieser Vorlage könnt ihr eigene Seiten für euer Entdeckerbuch erstellen.

....	....

Entdeckerkarten Kirche: Erste Entdeckungen

Kirchengebäude

Kirchengebäude

Der Name „Kirche" bedeutet auf Griechisch: „etwas gehört zu Gott". Deshalb nennen manche die Kirche auch Gotteshaus. In der Kirche versammelt sich die Gemeinde und feiert den Gottesdienst. Man singt, betet und denkt gemeinsam über die Bibel, Gott und die Welt nach.

Kirchengebäude

- ☞ Gehe um die Kirche herum und schreibe auf, was du alles entdeckst.
- ☞ Zeichne die Umrisse der Kirche nach.

Kirchturm

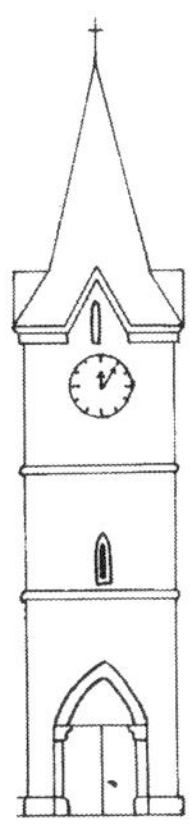

Kirchturm

Den Kirchturm sieht man von Weitem. In ihm sind die Glocken. Eine Uhr zeigt: Unsere Zeit liegt in Gottes Händen. Auf der Turmspitze findet man oft Symbole. Ein Kreuz sagt: Jesus ist bei uns! Der Hahn mahnt: Sei wachsam! Gottes neue Welt wird kommen.

Kirchturm

- ☞ Wie hoch ist ungefähr der Turm deiner Kirche? Was trägt er auf der Spitze? (zum Beispiel ein Kreuz, einen Hahn, ...)
- ☞ Versuche mit deinem Körper die Form des Kirchturms nachzustellen.

Kirchentür

Kirchentür

Die Kirchentür wird „Portal" genannt (lateinisch: „Tür"). Meist ist sie aus schwerem Holz oder Metall.
Eine Kirchentür muss hoch und breit sein. Viele Menschen sollen ohne Probleme in die Kirche hinein- und aus ihr herausgehen können.

Kirchentür

- ☞ Aus welchem Material ist die Kirchentür? Wie schwer geht sie auf?
- ☞ Wie würdest du eine Kirchentür gestalten?

Kirchenbänke	Kirchenbänke	Kirchenbänke
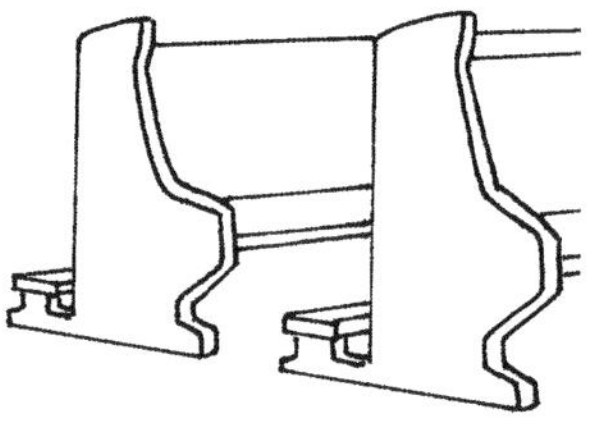	Kirchenbänke oder Stühle laden zur Ruhe ein. Im Sitzen kann man beten, der Predigt zuhören und singen. In katholischen Kirchen gibt es Bänke, auf denen man knien kann.	☞ Schätze: Wie viele Menschen können in der Kirche sitzen? (Zähle die Bänke und Stühle.) ☞ Was kannst du alles im Sitzen entdecken? Was nicht?

Altar	Altar	Altar
	Der Altar ist ein Tisch für den Gottesdienst. Dort wird gebetet, aus der Bibel vorgelesen oder zum Abendmahl eingeladen. Auf ihm kann man die Bibel, ein Kreuz, Kerzen, Blumen und beim Abendmahl Brot und Wein finden. Vom Altar hängt ein Tuch in den Farben des Kirchenjahrs.	☞ Gehe zum Altar und sieh nach, was alles darauf zu finden ist. ☞ Wenn du hinter dem Altar stehst: Was kannst du von dort aus alles sehen?

Kanzel	Kanzel	Kanzel
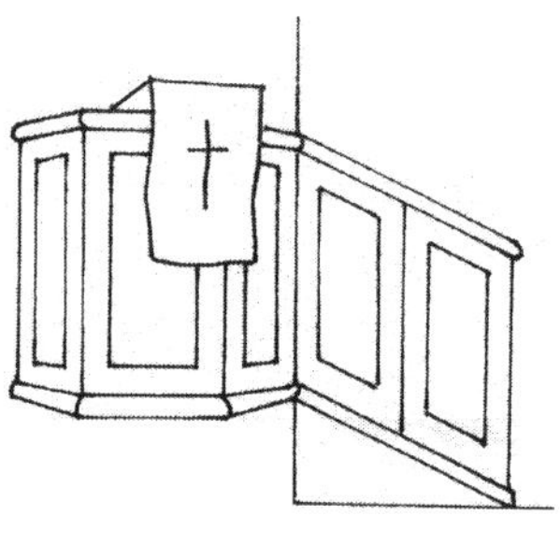	Damit man die Predigt gut hört, ist die Kanzel hoch angebracht. Eine Predigt erklärt, was ein Bibeltext für uns bedeuten kann. In evangelischen Kirchen ist sie das Wichtigste im Gottesdienst. Von der Kanzel hängt ein Tuch in den Farben des Kirchenjahrs.	☞ Gehe zur Kanzel und, wenn möglich, auf die Kanzel hinauf. ☞ Was kannst du von der Kanzel aus alles entdecken?

Bibel

Bibel

Eine Bibel liegt meist auf dem Altar, auf der Kanzel oder dem Lesepult. Aus ihr wird im Gottesdienst vorgelesen. Über einen Bibeltext wird gepredigt. Dabei wird erklärt, was er für unser Leben bedeutet.

Bibel

- ☞ Wo liegen in der Kirche überall Bibeln?
- ☞ Gibt es vielleicht Bilder in der Kirche, die eine biblische Geschichte erzählen?
- ☞ Lies eine Geschichte aus der Bibel.

Liedertafel

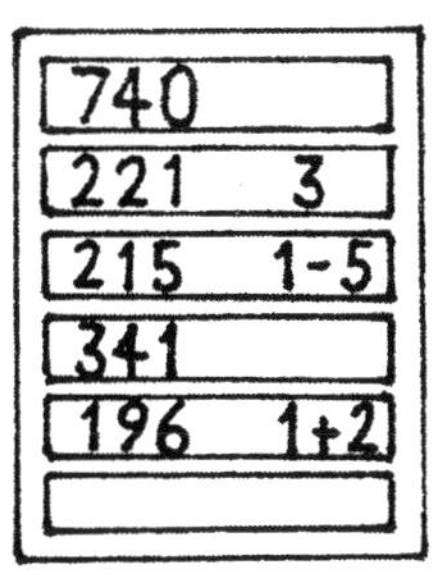

Liedertafel

An Liedertafeln sind Zahlen angebracht. Sie zeigen, welche Lieder aus dem Gesangbuch gesungen werden und welcher Psalm gesprochen wird. Manche Lieder findet man im evangelischen und katholischen Gesangbuch. Dann steht beim Lied ein „Ö“ (= ökumenisch).

Liedertafel

- ☞ Suche die Liedertafeln in der Kirche.
- ☞ Wenn Nummern angeschlagen sind, nimm dir ein Gesangbuch und schlage ein Lied auf.
- ☞ Suche im Gesangbuch nach einem „ökumenischen Lied“.

Gesangbuch

Gesangbuch

Ein Gesangbuch enthält alle Texte, die im Gottesdienst gesungen und gesprochen werden. Auch kann man darin nachlesen, wie ein Gottesdienst abläuft. Neben den Liedern sind auch das Vaterunser oder Psalmen im Gesangbuch zu finden.

Gesangbuch

- ☞ Suche, wo die Gesangbücher aufbewahrt werden.
- ☞ Schlage ein Gesangbuch auf. Welche Lieder stehen am Anfang?
- ☞ Lies einen Psalm. (Tipp: Psalmen haben 700er-Nummern.)

Kreuz

Kreuz

Das Kreuz ist das wichtigste Zeichen für Christen. Es erinnert an den Tod und die Auferstehung Jesu. Weil Jesus den Tod überwunden hat, ist das Kreuz ein Zeichen der Hoffnung.
Es gibt schlichte Kreuze und solche, an denen der Körper von Jesus zu sehen ist. Diese nennt man „Kruzifix".

Kreuz

- ☞ Suche, wo du überall ein Kreuz in der Kirche findest.
- ☞ Beschreibe: Wie sehen diese Kreuze aus?
- ☞ Wo sind dir anderswo schon Kreuze begegnet?

Orgel

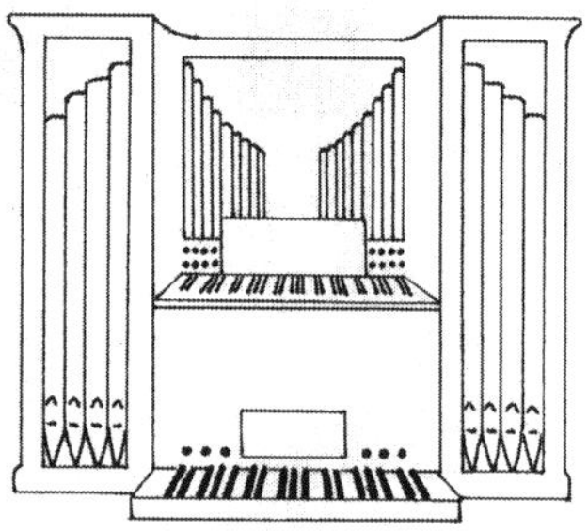

Orgel

Eine Orgel spielt Melodien und hilft beim Singen. Man findet sie meist oben auf einer Empore.
Die Orgel wird mit Tasten für Hände (Manuale) und für Füße (Pedale) gespielt.
Aus großen Pfeifen kommen tiefe, aus kleinen Pfeifen hohe Töne.

Orgel

- ☞ Gehe zur Orgel und beschreibe, was du von dem Ort aus alles in der Kirche siehst.
- ☞ Was kannst du alles rund um die Orgel entdecken?
- ☞ Mache Bewegungen nach, die man für das Orgelspiel braucht.

Kirchenfenster

Kirchenfenster

Durch Kirchenfenster kommt Licht in eine Kirche. Dies erinnert an Jesus. Er hat gesagt: „Ich bin das Licht der Welt."
Oft kann man in Fenstern Zeichen der Christen oder Bilder zur Bibel entdecken.

Kirchenfenster

- ☞ Wie viele Fenster gibt es in der Kirche?
- ☞ Wie sind die Fenster gestaltet? Kannst du Bilder oder Zeichen entdecken?
- ☞ Wie würdest du ein Kirchenfester gestalten?

Weitere Entdeckungen (falls vorhanden oder zugänglich)

Taufbecken

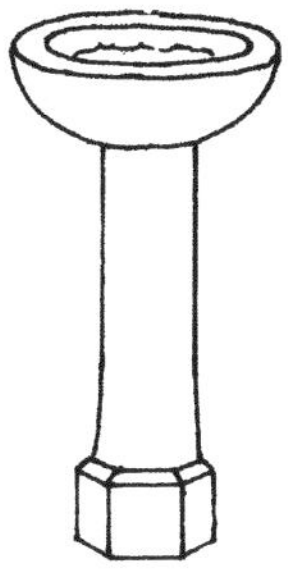

Taufbecken

Das Taufbecken steht in der Nähe des Altars. Wenn keines da ist, gibt es ein Taufgeschirr. Das wird in der Sakristei aufbewahrt. Mit der Taufe wird ein Mensch in die Gemeinde aufgenommen. „Taufe" kommt von dem Wort „tauchen". Früher wurde man bei der Taufe ganz untergetaucht.

Taufbecken

- ☞ Suche nach dem Taufbecken oder frage, wie in der Kirche getauft wird.
- ☞ Wie viel Wasser passt etwa in das Gefäß hinein?
- ☞ Was würdest du jemandem schenken, um ihn in der Gemeinschaft willkommen zu heißen?

Altartuch/Kanzeltuch

Altartuch/Kanzeltuch

Von der Kanzel und dem Altar hängen Tücher herab. Sie haben im Jahr unterschiedliche Farben:

- *Weiß*: an hohen Feiertagen
- *Schwarz*: an Karfreitag und zu Beerdigungen
- *Rot*: zu Kirchenfesten
- *Violett*: in Nachdenk-Zeiten wie Advent und vor Ostern
- *Grün*: in Zeiten des Wachsens.

Altartuch/Kanzeltuch

- ☞ Gehe zum Altar und zur Kanzel. Sieh nach, ob dort ein Tuch hängt.
- ☞ Welche Farbe hat das Tuch? Welche Zeichen sind darauf zu entdecken?
- ☞ Was verbindest du mit der Farbe? (z.B. Grün ist …)

Kerze

Kerze

Kerzen spenden Licht. Sie erinnern an Jesus, der gesagt hat: „Ich bin das Licht der Welt". In katholischen Kirchen gibt es kleine Opferkerzen. Auf Osterkerzen sind die Jahreszahl und die griechischen Buchstaben A und O zu entdecken. Dies bedeutet: Gott ist Anfang und Ende.

Kerze

- ☞ Wo sind überall in der Kirche Kerzen zu finden?
- ☞ Welche Zeichen sind auf ihnen zu entdecken?
- ☞ Beschreibe, welche Stimmung Kerzenlicht bei dir auslöst.

Blumen

Blumen

Manchmal finden sich Blumen auf dem Altar oder in der Kirche. Zu besonderen Gottesdiensten (zum Beispiel zu einer Hochzeit) wird die Kirche mit vielen Blumen geschmückt. Blumen drücken Freude aus. Außerdem erinnern sie daran, dass Gott die Welt schön gemacht hat.

Blumen

- Gibt es Blumen in der Kirche? Wo stehen sie?
- Welche Farben haben die Blumen?
- Wann würdest du einen Raum mit Blumen schmücken?

Sakristei

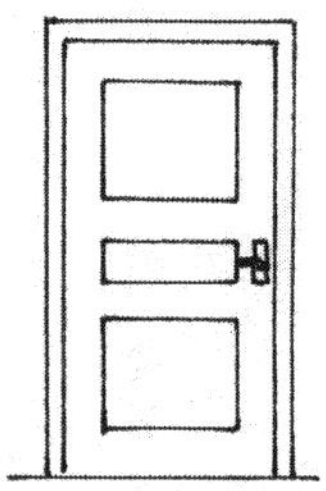

Sakristei

Die Sakristei ist ein Raum, der nicht allen offen steht. Der Name kommt vom lateinischen Wort „heilig". In dem Raum bereiten sich die auf den Gottesdienst vor, die ihn gestalten. Dort werden auch Gewänder für den Gottesdienst, Altartücher, das Taufgeschirr oder Kerzen aufbewahrt.

Sakristei

- Suche in der Kirche nach der Sakristei.
- Wenn möglich: Gehe hinein und schaue nach, was sich alles in dem Raum befindet.
- Überlege, warum der Raum nicht allen Leuten offen steht.

Abendmahlgeschirr

Abendmahlgeschirr

Beim Abendmahl stehen auf dem Altar Wein und Brot.
Sie sind Zeichen der Gemeinschaft mit Jesus und mit allen, die an ihn glauben. Wein und Brot lassen schmecken, wie freundlich Gott zu den Menschen ist.

Abendmahlgeschirr

- Finde heraus: Wo werden Teller und Kelche für das Abendmahl aufbewahrt?
- Wie sehen sie aus? Tragen sie Symbole?
- Brot ist bei uns ein Zeichen für …

Opferstock/ Kollektenteller

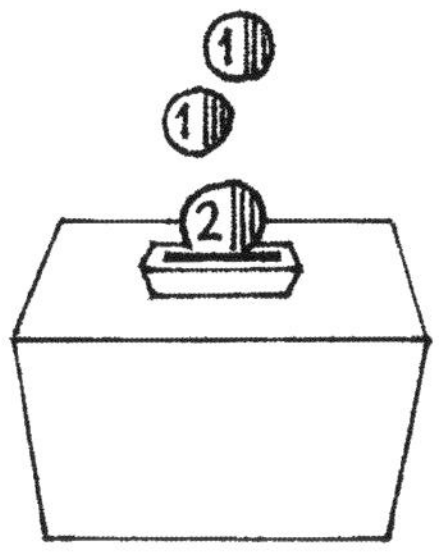

Opferstock/ Kollektenteller

Im Gottesdienst oder kurz danach wird um eine Spende (Kollekte) gebeten. Die ist für die eigene Gemeinde oder für anderes bestimmt. Gesammelt wird mit Körbchen, einem Teller, einem „Klingelbeutel" oder einem Opferstock (stehender Kasten).

Opferstock/ Kollektenteller

- ☞ Frage nach: Womit wird in der Gemeinde die „Kollekte" eingesammelt? Wofür wurden die Spenden vom letzten Sonntag verwendet?
- ☞ Wofür würdest du Geld spenden?

Gewölbe und Säulen

Gewölbe und Säulen

Eine Kirche ist ein großes Haus. Um es zu bauen, muss man Decken gut abstützen. Daher baut man Gewölbe und Säulen. Wenn ein Gewölbe an der Decke oben zusammenläuft, kann man bei alten Kirchen Schluss-Steine entdecken.

Gewölbe und Säulen

- ☞ Suche nach Säulen oder Gewölben. Gibt es an ihnen Besonderheiten zu entdecken?
- ☞ Überlege: Welche Menschen können vielleicht „Säulen" einer Gemeinde sein?

Bilder

Bilder

In vielen Kirchen hängen Bilder. Sie erinnern an biblische Geschichten oder an besondere Menschen. In evangelischen Kirchen hängen manchmal Bilder von Martin Luther, in katholischen Kirchen sind Bilder von Heiligen oder auch dem Papst zu entdecken.

Bilder

- ☞ Suche nach Bildern in der Kirche. Was stellen sie dar?
- ☞ Wenn du ein Bild für die Kirche gestalten könntest, dann würde darauf zu sehen sein …

Gedenktafel/Grabsteine

Gedenktafel/Grabsteine

In vielen Kirchen finden sich Gedenktafeln. Sie erinnern an Ereignisse.
Manchmal wird an Soldaten erinnert, die im Krieg umgekommen sind. Oder es gibt alte Grabsteine von Personen, die früher einmal wichtig waren.

Gedenktafel/Grabsteine

- ☞ Suche, ob es in der Kirche Gedenktafeln oder Grabsteine gibt. Frage nach, woran diese erinnern.
- ☞ Überlege für dich: Gehören solche Tafeln oder Grabsteine in eine Kirche?

Glocke

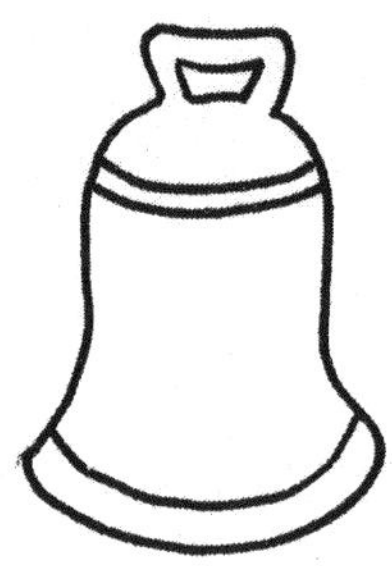

Glocke

Glocken laden zum Gottesdienst ein. Eine kleine Glocke läutet während des Gottesdienstes beim Vaterunser. Eine große hört man, wenn jemand gestorben ist. Früher warnten Glocken vor Gefahren wie Feuer oder Krieg. Glocken haben häufig Namen. Außerdem steht auf der Glocke, welche Tonhöhe sie hat.

Glocke

- ☞ Besuche die Glocken im Kirchturm. Wie viele gibt es? Was steht auf den Glocken?
- ☞ Wie klingen Glocken? Mache das Geräusch nach.

Entdeckerkarten: Katholische Kirche

Weihwasserbecken

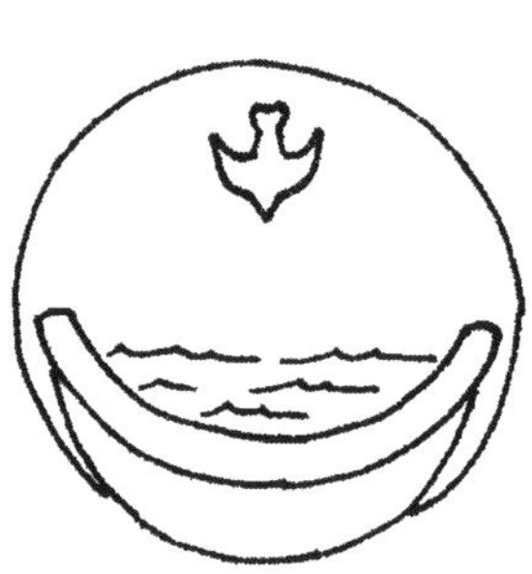

Weihwasserbecken

Am Eingang der katholischen Kirchen steht ein Becken mit Weihwasser. Katholiken tauchen die Fingerspitzen hinein, bekreuzigen sich und sagen: „Im Namen des Vaters und des Sohnes und des Heiligen Geistes." Weihwasser zeigt: Man will mit reinem Herzen die Kirche betreten. Außerdem erinnert das Wasser an die Taufe.

Weihwasserbecken

- ☞ Suche in der Kirche nach dem Weihwasserbecken. Sind Zeichen oder Symbole darauf zu entdecken?
- ☞ Was kann man alles mit Wasser machen?

Marienstatue

Marienstatue

In katholischen Kirchen findet man Figuren von Maria mit dem Jesuskind auf dem Arm. Sie wird auch „Muttergottes" genannt.
Zu Maria beten Menschen, die Sorgen haben. Manche zünden auch kleine Kerzen an, wenn sie um Hilfe bitten.

Marienstatue

☞ Wo finden sich in der Kirche Bilder oder Figuren von Maria? Wie sehen sie aus?

☞ Überlege für dich: Welche Sorgen schleppst du gerade mit dir herum?

Heiligenfigur

Heiligenfigur

In der katholischen Kirche werden Heilige verehrt. Das sind Menschen, die etwas Besonderes getan und von der katholischen Kirche „heiliggesprochen" wurden.
Wenn Kirchen den Namen eines Heiligen tragen, heißen sie oft „Sankt" (= heilig; zum Beispiel „Sankt-Johannes-Kirche").

Heiligenfigur

☞ Suche nach Bildern oder Figuren von Heiligen.

☞ Frage nach: Wie heißen die Heiligen? Was haben sie gemacht?

☞ Was ist für dich eigentlich „heilig"?

Kreuzweg

Kreuzweg

In katholischen Kirchen gibt es den Kreuzweg. Die Bilder zeigen den letzten Weg von Jesus bis zu seinem Tod am Kreuz.
14 Stationen gibt es bei einem Kreuzweg. Die 15. Station ist die Kirche selbst. Sie erinnert daran, dass Jesus vom Tod auferstanden ist.

Kreuzweg

☞ Suche alle 14 Stationen des Kreuzwegs. Was kannst du auf den Bildern erkennen?

☞ Wenn du vom Leben Jesu erzählen solltest: Was wäre für dich das wichtigste Bild?

Lesepult (Ambo)	Lesepult (Ambo)	Lesepult (Ambo)
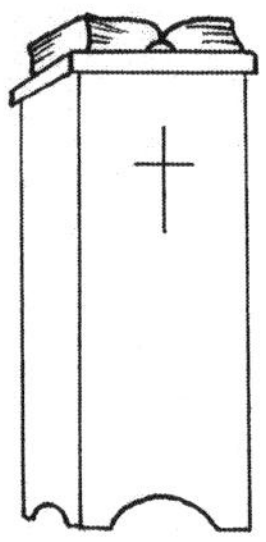	Das Lesepult in einer katholischen Kirche heißt Ambo. Von hier aus hält der Priester die Predigt. Auch wird dort aus der Bibel vorgelesen. In der katholischen Kirche ist die Predigt weniger wichtig als in der evangelischen. Das Abendmahl, die „Eucharistie", steht hier im Mittelpunkt.	☞ Wo steht das Lesepult? Gibt es auch eine Kanzel in der Kirche? ☞ Wenn eine Bibel auf dem Lesepult liegt: Lies eine Geschichte in der Bibel.

Tabernakel	Tabernakel	Tabernakel
	Nahe dem Altar findet man ein Schränkchen – das „Tabernakel" (lateinisch: „Zelt"). Darin wird Brot (die „Hostie") aufbewahrt, das der Priester gesegnet hat. Katholische Christen glauben: Jesus ist in diesem Brot bei den Menschen. Daher hängt beim Tabernakel das „Ewige Licht".	☞ Suche das Tabernakel und beschreibe, wie es aussieht. ☞ Wie müsste für dich ein Kästchen aussehen, in dem du etwas Wichtiges aufbewahrst?

Ewiges Licht	Ewiges Licht	Ewiges Licht
	Das „Ewige Licht" befindet sich in der Nähe des Tabernakels. Es zeigt: Jesus ist im gesegneten Brot (der „Hostie") bei den Menschen. Das Licht erinnert daran, dass Jesus gesagt hat: „Ich bin das Licht der Welt."	☞ Suche das „Ewige Licht" und beschreibe, wie diese Beleuchtung aussieht. ☞ Ergänze: Licht – das bedeutet für mich …

Beichtstuhl	Beichtstuhl	Beichtstuhl
	Ein Beichtstuhl hat Kabinen. Durch Gitter sind sie voneinander getrennt. In der Mitte sitzt zu besonderen Zeiten ein Priester. Man kann ihm sagen, was man auf dem Herzen hat. Nach katholischem Glauben darf der Priester im Auftrag Gottes Vergebung aussprechen.	☞ Suche den Beichtstuhl und schau, wenn möglich, hinein. Was kannst du entdecken? ☞ Überlege für dich: Hättest du auch gerade etwas zu „beichten“?

Nach diesen Dingen muss man fragen

Weihrauch	Weihrauch	Weihrauch
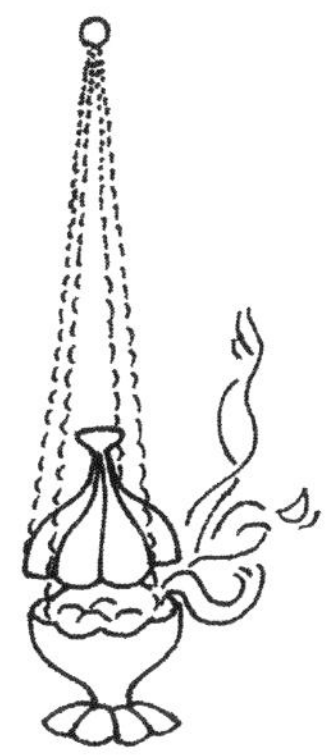	Weihrauch wird aus dem Harz eines Baumes gewonnen. Messdiener zünden zu besonderen Gottesdiensten in einem Gefäß ein Stück Weihrauchkohle an. Darauf legen sie den Weihrauch. Dann schwenken sie das Gefäß. So kann man überall in der Kirche den Weihrauch riechen.	☞ Finde heraus: Wo wird das Weihrauchgefäß aufbewahrt? ☞ Beschreibe den Geruch von Weihrauch.

Monstranz	Monstranz	Monstranz
	An Fronleichnam zieht die katholische Gemeinde durch die Straßen. Sie trägt das gesegnete Brot (Hostie) umher. Es wird in einem Gefäß namens „Monstranz“ den Menschen gezeigt. „Monstranz“ kommt vom lateinischen Wort „zeigen“. Das Jahr über befindet sich das Gefäß meist in der Sakristei.	☞ Frage nach: Wo wird die Monstranz in der Kirche aufbewahrt? ☞ Beschreibe, wie die Monstranz aussieht. ☞ Ergänze: Um anderen etwas Wichtiges zu zeigen, würde ich …

Entdeckungen bei einer Kirchenerkundung (I)

Du hast eine Kirche erkundet.
Was hast du alles entdeckt?

- Du kannst einen Grundriss anfertigen. Dazu musst du dich fragen: *Wie sieht die Kirche von oben aus?* Unten findest du zwei typische Formen. Der Grundriss darf ruhig sehr groß sein (DIN A3).
- Du kannst Gegenstände der Kirche auf den Grundriss malen. Dazu kannst du auch die Symbole auf der anderen Seite und die Hinweisschilder ausschneiden und aufkleben.
- Oder du kannst die Zeichnung unten verwenden. Das ist die Sicht, wenn man in einer Kirche sitzt.

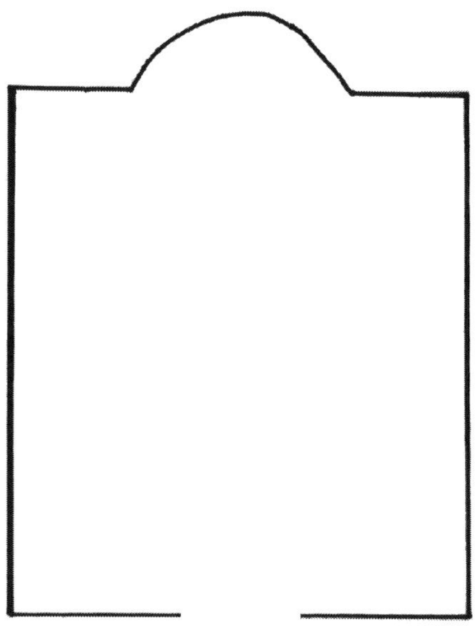

Entdeckungen bei einer Kirchenerkundung (II)

Was findet man alles in einer Kirche? Schneide die Symbole und Hinweisschilder aus und klebe sie auf den Grundriss.

Kanzel	**Altar**	**Bank/Stuhl**	**Kreuz**	**Bibel**
Gesangbuch	**Liedertafel**	**Orgel**	**Fenster**	**Kerze**
Abendmahl-geschirr	**Blumen**	**Altartuch**	**Taufstein**	**Glocke**
Opferstock	**Beichtstuhl**	**Ambo**	**Ewiges Licht**	**Sakristei**
Maria	**Heilige**	**Weihwasser**	**Tabernakel**	**Kreuzweg**

Kirchenfenster gestalten

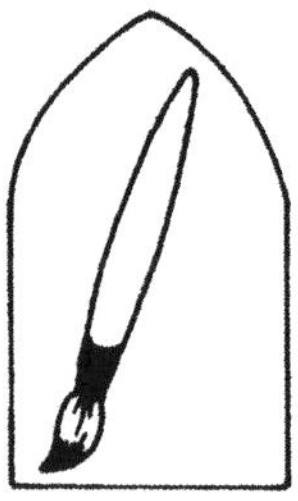

Kirchen haben Fenster, die Licht spenden. In ihnen sind manchmal christliche Zeichen oder Geschichten aus der Bibel zu entdecken. Andere haben schöne Formen, wie das Fenster unten.
Die Form hier nennt man „Rosette" – „Rosenfenster".
Du kannst die Rosette ausmalen. Oder du kannst die Öffnungen ausschneiden und mit Transparentpapier hinterlegen.

Kirchenfenster selbst gestalten

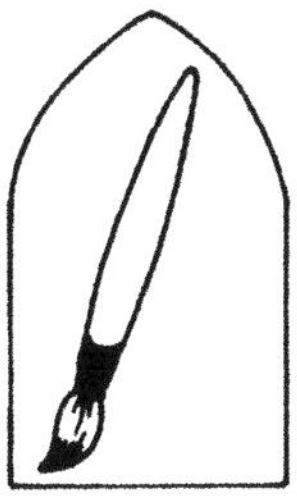

Gestalte ein Kirchenfenster. Du kannst dafür christliche Zeichen oder eine Geschichte aus der Bibel verwenden.

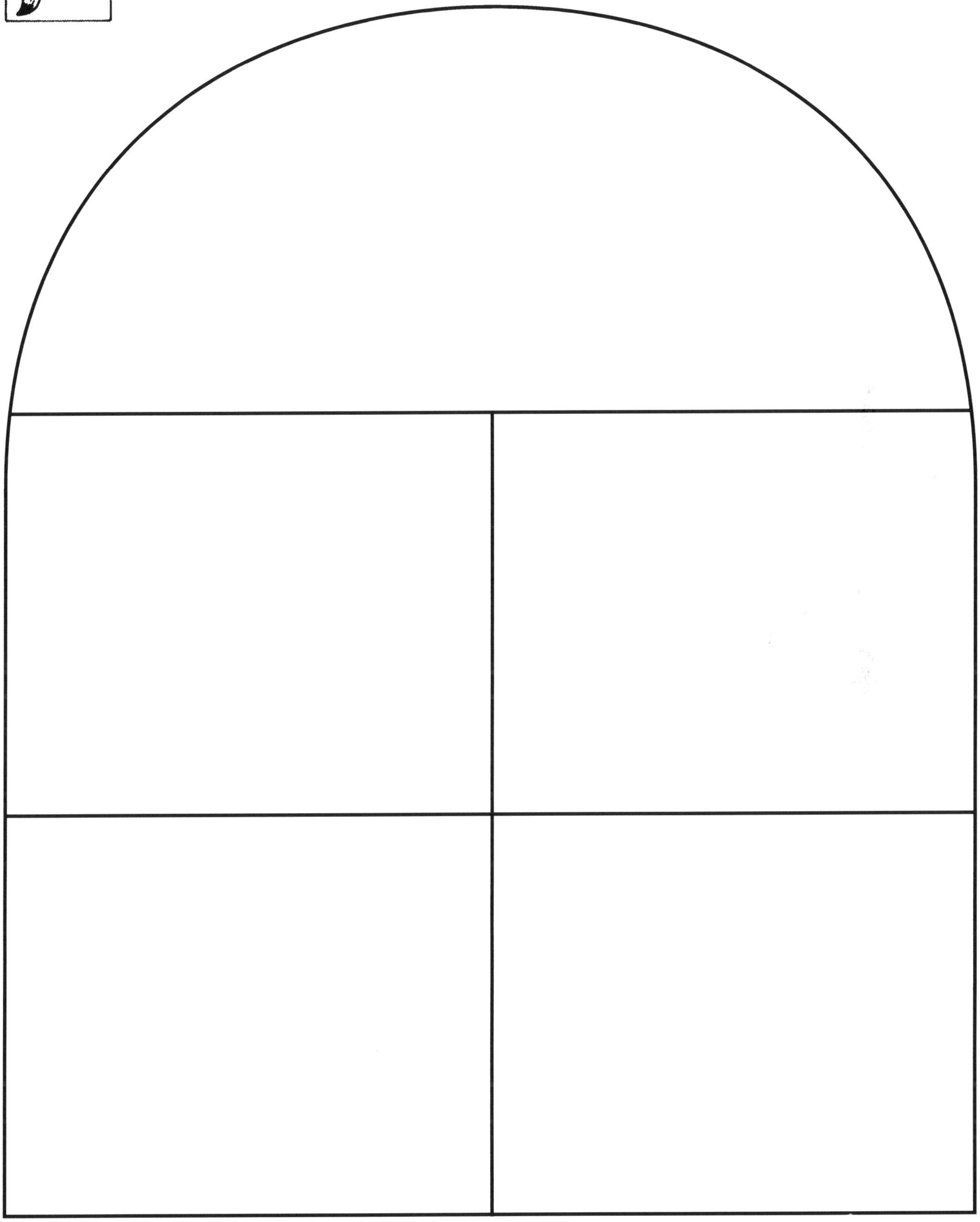

Baumodell: Offene Kirche

Das Modell wird auf festes DIN-A3-Papier kopiert. Zunächst wird es angemalt.
Dann schneidet man die Teile aus und klebt sie aneinander.

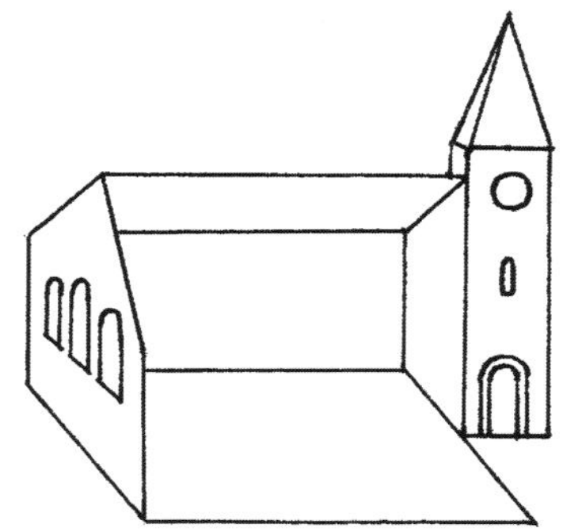

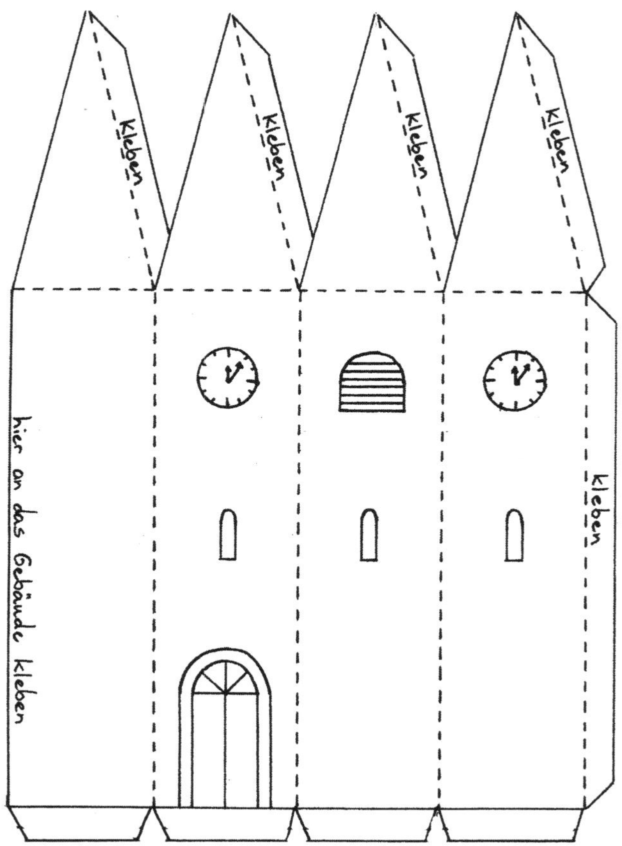

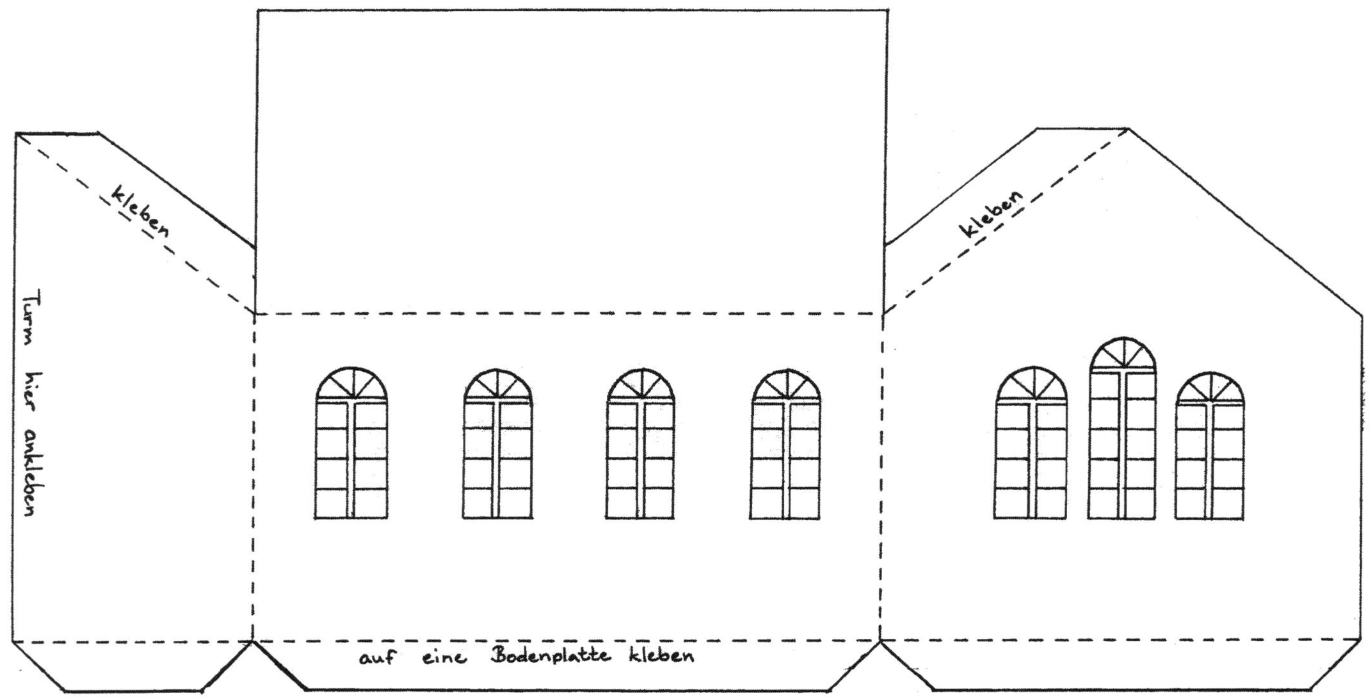

Erzählfiguren für „Wo Gott verehrt wurde …“

Nomaden-Maus

Tempel-Maus

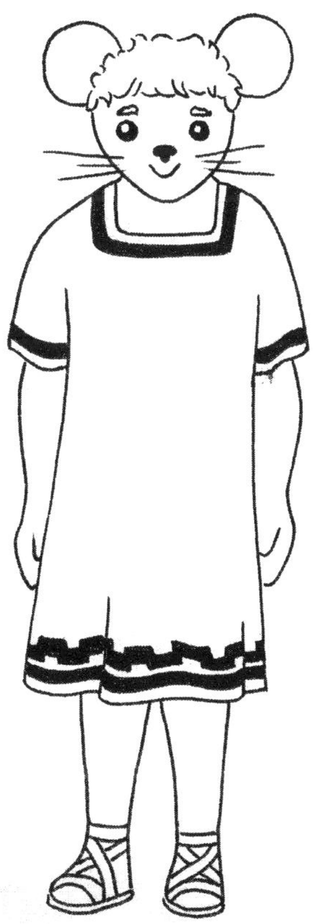

Haus- und Basilika-Maus

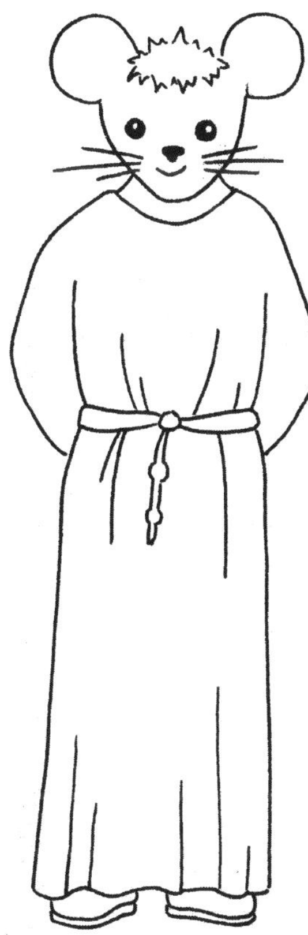

Dom-Maus

Wo Gott verehrt wurde ...

Eine Zeitreise

Als Nomaden unterwegs (vor etwa 3500 Jahren)

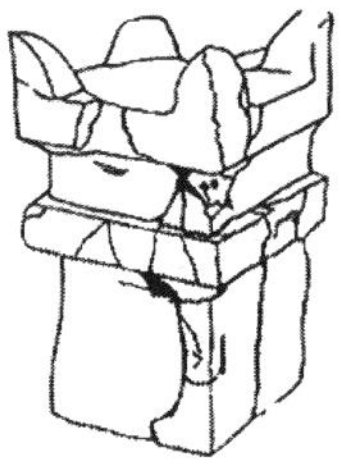

Die Vorfahren der Israeliten waren Nomaden. Abraham und Sara, Isaak und Jakob zogen umher und suchten Futter für ihre Tiere. Im Zweistromland und in Ägypten sahen die Nomaden Tempel. Doch für sie war Gott nicht in einem Tempel zu finden. Für sie war er mit ihnen unterwegs.
Wo die Nomaden längere Zeit lagerten, bauten sie für Gott einen kleinen Altar aus Steinen. Dort dankten sie ihm mit Opfern.

Der Tempel von Jerusalem (vor etwa 3000 Jahren)

Die Nomaden blieben in Israel. Ihr König David machte Jerusalem zu seiner Hauptstadt. Dort baute sein Sohn, König Salomon, einen Tempel für Gott.
Mehrmals im Jahr zogen die Israeliten zum Tempel.
Doch die Babylonier zerstörten den Tempel Salomos (vor etwa 2500 Jahren). Die Israeliten bauten den Tempel prächtiger wieder auf. Jesus und seine Jünger gingen in den neuen Tempel, um zu beten. Schließlich haben die Römer den Tempel endgültig zerstört (vor über 1900 Jahren). Heute steht nur noch der Rest der Tempelmauer: die „Klagemauer."

Die ersten Christen (vor etwa 1900 Jahren)

Die ersten Christen trafen sich in Privathäusern. Dort lasen sie gemeinsam heilige Schriften, Berichte über Jesus oder Briefe anderer Christen. Und sie beteten miteinander. Die Römer wollten, dass Christen auch den Kaiser als Gott anbeten. Das machten sie nicht mit. Deshalb wurden sie verfolgt und konnten keine Kirchen bauen. Wenn in Rom Christen ihre Freunde beerdigten, taten sie dies in unterirdischen Grabstädten – den „Katakomben". Dort hielten sie Gottesdienste für Verstorbene und malten Bilder an die Wände. Eines zeigt Jesus als „Guter Hirte".

Die ersten Kirchen (vor etwa 1600 Jahren)

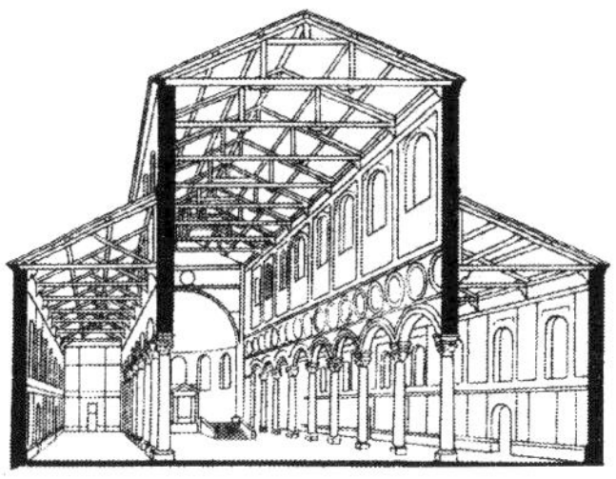

Der römische Kaiser Konstantin beschloss: Die Christen sollen nicht mehr verfolgt werden. Nun endlich konnten sie für Gottesdienste große Räume bauen. Zunächst baute man dafür Hallen mit Säulen. Den mittleren Bereich nannte man „Mittelschiff", den Seitenbereich „Seitenschiff". Weil auf diese Weise auch Hallen für den König gebaut wurden, nannte man den Baustil „Königshalle" (griechisch: „Basilika").

Die Romanik im Mittelalter (vor etwa 1000 Jahren)

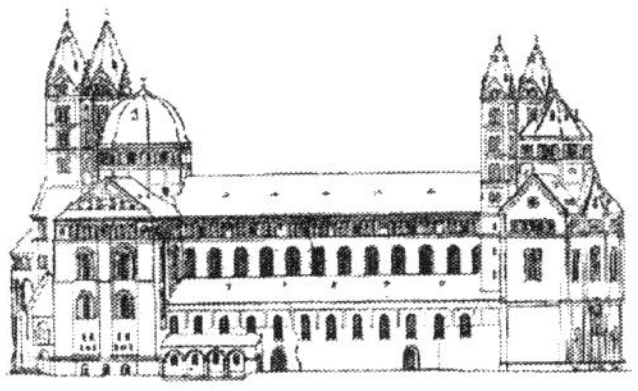

Vor mehr als 1000 Jahren entstand in Deutschland ein mächtiges Reich. Man baute schöne Kirchen mit hohen, dicken Mauern. Ihr Kennzeichen waren runde Gewölbe und Fensterbögen. Auch eine Querhalle wurde dazu gebaut – „Querschiff" genannt. Von oben betrachtet hat solch eine Kirche die Form eines Kreuzes. Den Baustil mit den runden Bögen nennt man heute „romanisch".

Die Gotik im Mittelalter (vor etwa 800 Jahren)

Bald entdeckte man: Mit spitzen Bögen kann man Kirchen noch viel höher bauen. Statt der dicken Wände konnte man nun riesige Fenster aus buntem Glas einsetzen. Wunderschönes Licht kam in die Kirche. Spitze Türme ragten hoch in den Himmel.
Den Baustil mit den spitzen Bögen nennt man heute „gotisch".

Kirchen der Reformation (vor etwa 500 Jahren)

Martin Luther wollte die Kirche erneuern. Erneuerung heißt Reformation. Die Bibel sollte nun das Wichtigste in der Kirche sein. So entstand die evangelische Kirche. Viele alte Kirchen wurden damals umgebaut. Bilder wurden entfernt. Kirchen sollten schlichter sein.
Nun rückte die Kanzel in den Mittelpunkt.
Nichts sollte von der Bibel und der Predigt ablenken.

Kirchen im Barock (vor etwa 300 Jahren)
Die katholische Kirche antwortete auf die Reformation mit einem neuen Baustil. Kirchen wurden kunstvoll mit Marmor und Gold ausgeschmückt – oder wenigstens malte man sie an, als ob sie aus Marmor und Gold wären. Die Deckengemälde zeigten einen blauen Himmel voller Engel. Damit wollte man den Menschen sagen: „Nur in der katholischen Kirche kann man in den Himmel kommen!" Diese Zeit und den Baustil nennt man heute „Barock".

Kirchen vor etwa 150 Jahren
Vor etwa 150 Jahren dachte man gerne an vergangene Zeiten zurück. So wurden Kirchen gebaut, die aussahen wie früher. Die Baustile nennt man heute „Neu-Romanik", „Neu-Gotik" oder „Neu-Barock". Evangelische Kirchen wurden gerne im Stil der „Neu-Gotik", katholische Kirchen im „Neu-Barock" gebaut. Wer heute Kirchen besichtigt, muss also aufpassen: Ist es eine echte alte Kirche oder eine neuere, bei der ein alter Stil nachgemacht wurde?

Kirchen heute
Heute werden moderne Kirchen gebaut. Oft kann man nur durch ein christliches Symbol erkennen, dass es eine Kirche ist (zum Beispiel ein Kreuz). Die modernen Kirchen haben offene und helle Räume, in denen sich die Gemeinde versammelt. Ein heller Raum strahlt eine freundliche Stimmung aus. Der Kirchenraum ist oft mit Stühlen ausgestattet. So kann man den Raum leichter umgestalten. Moderne Kirchenräume drücken aus: Die christliche Gemeinde ist eine lebendige Gemeinschaft.

Kirche: Da ist was los!

Das Wimmelbild

Kinder, junge und alte Leute kommen in einer Gemeinde zusammen. Sie bilden eine Gemeinschaft.
Christen glauben: Gottes Geist hält die Gemeinschaft zusammen.
Das bedeutet: Gott hilft, dass sich Menschen verstehen und füreinander da sind.

In einer Gemeinde gibt es Menschen mit unterschiedlichen Gaben und Ideen.
Die einen können gut organisieren. Andere können gut mit Kindern umgehen. Wieder andere bereiten gerne ein Fest der Gemeinde vor.

In einer Kirchengemeinde ist viel los! Auf dem Wimmelbild kannst du einiges dazu entdecken. Versuche zunächst ohne Hilfen die Bilder zu deuten. Unten findest du die Lösungen.

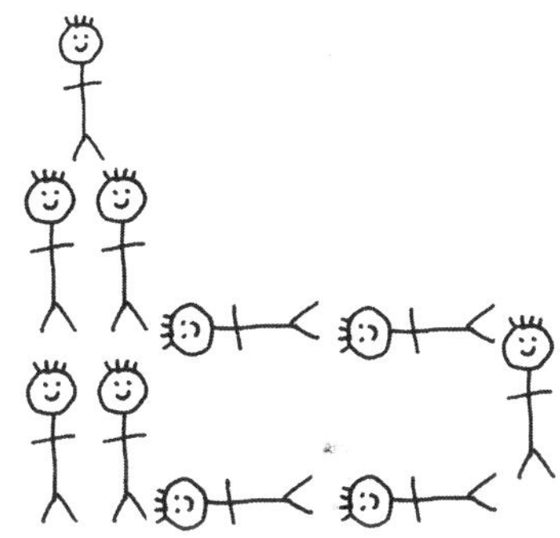

Ergänze: Eine **Gemeinschaft** ist wichtig, weil …

Die Kirche ist ein „**Haus aus Menschen**".
Gestalte hierzu ein Bild!

Was ist auf dem Wimmelbild zu entdecken?

- Die Schwester der Ökumenischen Sozialstation besucht einen Kranken mit dem Auto zu Hause.
- Im Krankenhaus erhält ein Kranker Besuche von der Gemeinde.
- Kinder im kirchlichen Kindergarten.
- Kindertreff: gemeinsames Basteln von Kerzen.
- Kinder feiern Kindergottesdienst.
- Der Kirchengemeinderat bespricht, was es zu tun gibt.
- Ein Chor und ein Posaunenchor machen Musik.
- Ein Gottesdienst oder eine Andacht findet statt.
- Eine Gemeindefahrt im Bus geht los.
- Bei einem Gemeindefest wird gegrillt.

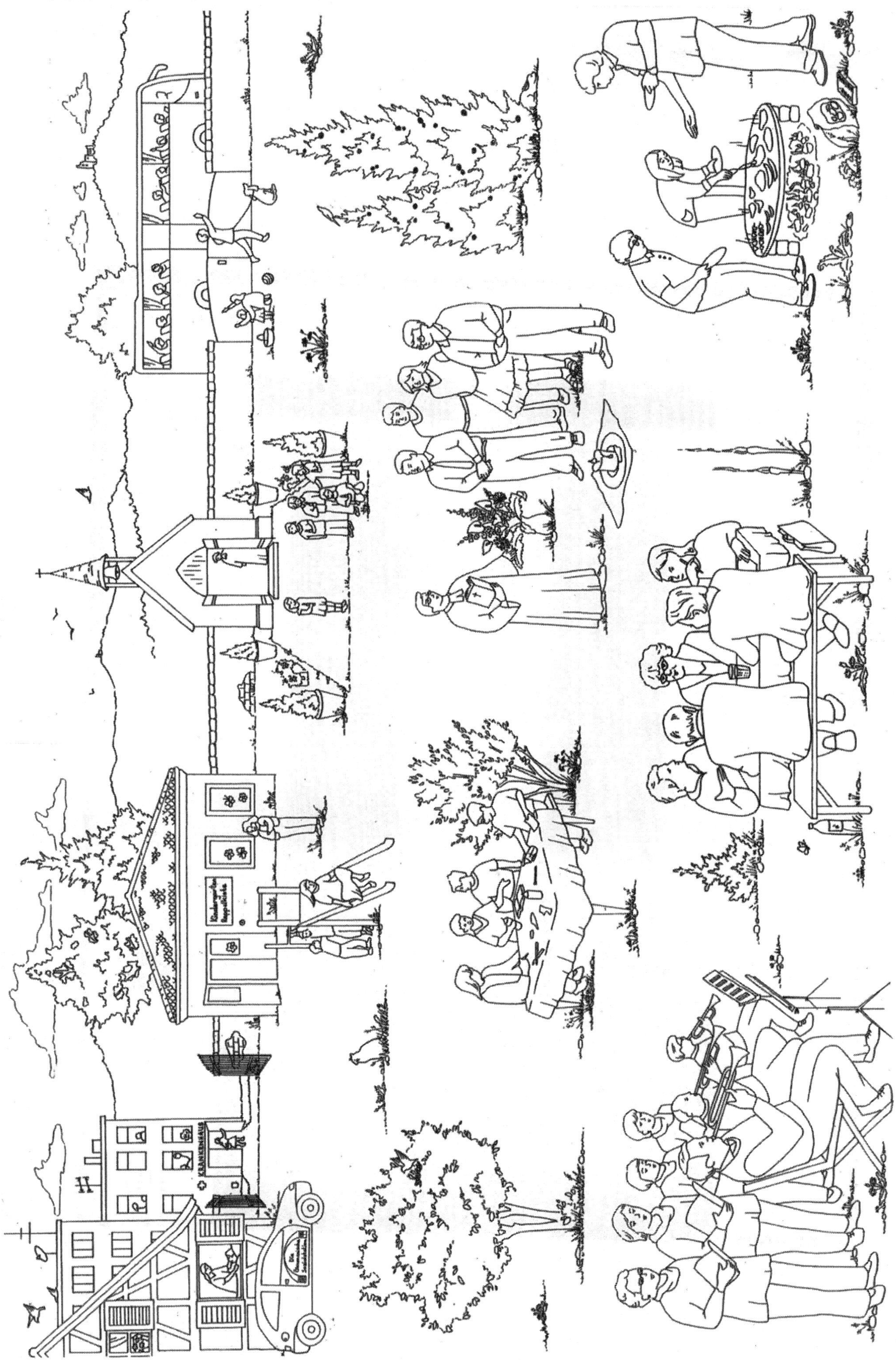

Kirche wird geleitet

Eine Gemeinde wird vom Kirchengemeinderat geleitet. Das sind Leute, die von der Gemeinde gewählt wurden. Auch Pfarrerinnen und Pfarrer gehören zum Kirchengemeinderat. Ein Mal im Monat trifft man sich.

Bei den Treffen berät man wichtige Fragen der Gemeinde:
Wie wird das Geld eingesetzt?
Soll eine neue Erzieherin im Kindergarten eingestellt werden?
Wird das Gemeindehaus umgebaut?
Wie soll das Gemeindefest aussehen?

Welche Fragen könnten für einen Kirchengemeinderat noch wichtig sein?

Ergänze: Wenn ich im Kirchengemeinderat wäre …

Treffpunkt Kirche

Eine Gemeinde bietet viele Möglichkeiten, sich in der Freizeit zu treffen — für Junge und Alte. Da gibt es Frauenkreise, den Seniorentreff, einen Bibelkreis oder Angebote, bei denen Erwachsene etwas lernen können.

Oft gibt es auch Kindergruppen oder einen Jugendtreff. Dort bastelt, spielt und singt man miteinander. Und man kann sich über Gott und die Welt unterhalten.

Warum ist es wichtig, dass es solche Angebote gibt?

Was würdest du alles in einer Kindergruppe machen wollen?

Kirche feiert

Manchmal feiern alle Gruppen in der Gemeinde. Bei dem Gemeindefest sitzt man gemütlich beisammen. Jemand bereitet Essen vor, andere verkaufen Getränke oder machen Musik. Wieder andere haben ein Programm vorbereitet, damit sich alle gut unterhalten. Manche verkaufen auch etwas für einen guten Zweck.

Zum Gemeindefest werden alle im Ort eingeladen. Der Bürgermeister und jemand aus einer anderen Gemeinde spricht ein Grußwort. Aber auch wer nicht zur Kirche gehört, ist herzlich willkommen. Man darf sich informieren, was alles in der Gemeinde los ist.

Was muss ein Gemeindefest alles bieten, damit viele Leute kommen?

Welche Aufgaben würdest du bei einem Gemeindefest übernehmen?

Kinder in der Kirche

Kirche kümmert sich um Kinder. Viele Gemeinden haben eine Kindertagesstätte oder eine Kindergruppe. Oft gibt es einen Kindergottesdienst oder Gottesdienste für die ganze Familie.

Jesus sagte: „Lasst die Kinder zu mir kommen. Ihnen gehört Gottes neue Welt."
Für die Kirche sollten daher die Kleinen genauso wichtig sein wie die Großen.

Ergänze: Kinder sind für eine Gemeinschaft wichtig, weil …

Was soll alles für Kinder in einer Gemeinde angeboten werden?

Kirche hilft

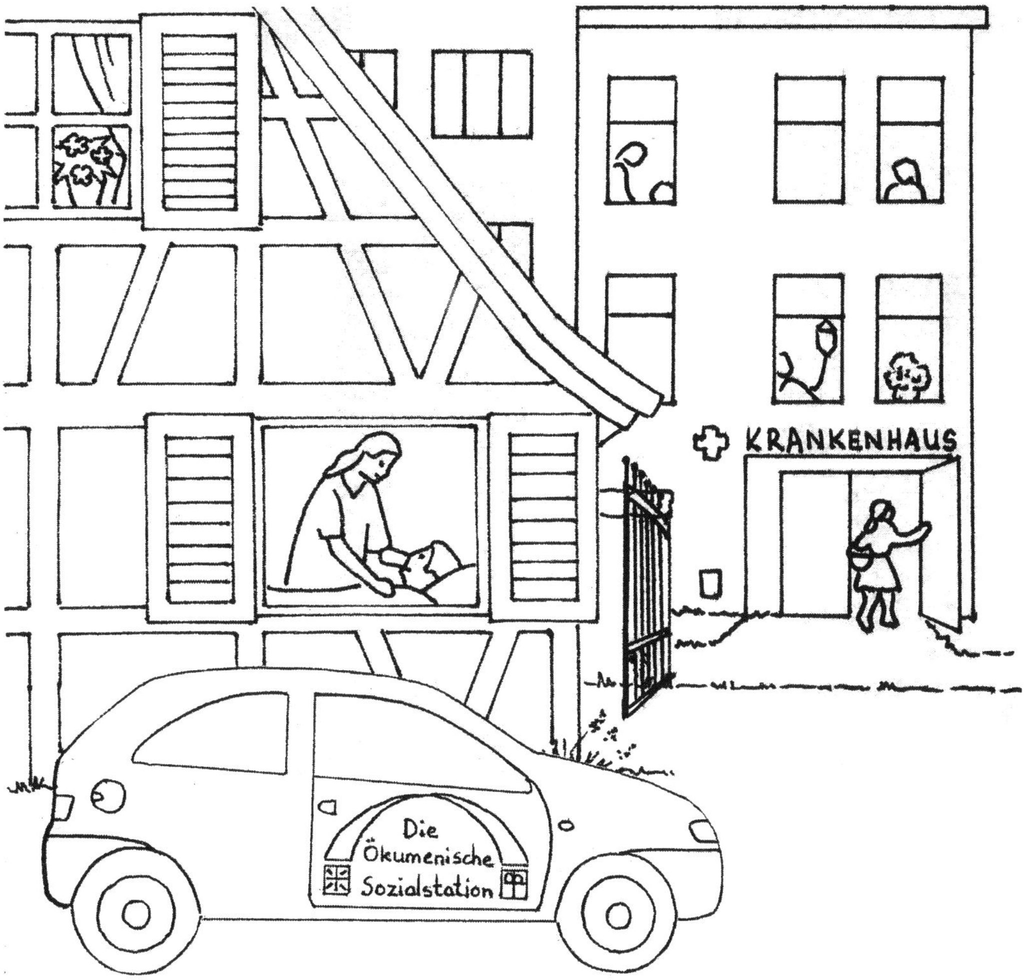

Manche Menschen brauchen Hilfe. Dafür gibt es die „Ökumenische Sozialstation". Eine Schwester oder ein Pfleger kommt mit dem Auto und versorgt kranke Menschen zu Hause.

Auch der Besuchsdienstkreis und die Pfarrerin oder der Pfarrer besuchen kranke Leute im Krankenhaus oder zu Hause. Damit zeigen sie: Selbst in schweren Tagen seid ihr nicht alleine!

Ergänze: Hilfe braucht man, wenn …

Was würdest du jemandem mitbringen, dem es nicht gut geht?

Kirche musiziert

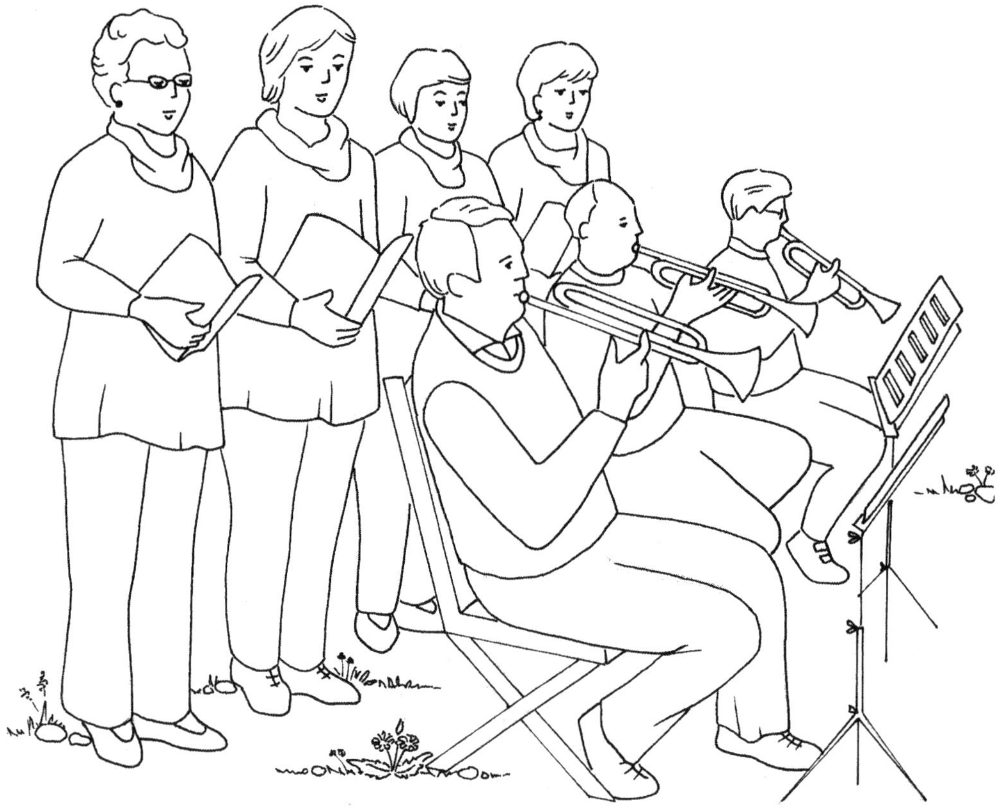

In der Kirche wird viel Musik gemacht. Gemeinsam einen Ton zu treffen, gehört für viele Leute zu einer guten Gemeinschaft.
Am Sonntag spielt im Gottesdienst die Orgel.
Oft gibt es einen Kirchenchor oder Posaunenbläser.

Für junge Leute gibt es manchmal einen Flötenkreis, einen Kinder- oder Jugendchor.
Regelmäßig trifft man sich, um Lieder zu üben. Die werden dann im Gottesdienst und bei Festen gesungen oder gespielt.

?

Warum wird wohl in der Kirche so viel Musik gemacht?

Ergänze: Musik ist für mich …

Kirche unterwegs

Manchmal ist Kirche unterwegs. Gruppen der Gemeinde machen eine Reise – mit dem Bus, mit der Bahn oder mit dem eigenen Auto.
Auf solchen Reisen lernen sich die Leute besser kennen. So wächst die Gemeinschaft zusammen.

Für Ältere gibt es Kaffeefahrten, für Kinder und Jugendliche werden Freizeiten angeboten.
Manche Leute treffen sich aber auch nur für einen Tag, um ihn gemeinsam zu verbringen.

Miteinander auf eine Reise gehen ist wichtig, …

Macht gemeinsam einen Plan für eine Kinderfreizeit, die etwa eine Woche dauert.

Kirche: Da arbeiten viele mit!

In der Kirche arbeiten viele Menschen mit. Für manche ist das ihr Beruf. Die nennt man Hauptamtliche. Manche haben einen anderen Beruf oder gehen noch zur Schule. Die nennt man Ehrenamtliche.

! Lies dir die Aussagen durch. Überlege dabei: Wer ist hauptamtlich und wer arbeitet ehrenamtlich? Warum arbeiten die Leute in einer Gemeinde mit?

Als Pfarrerin halte ich die Gottesdienste und leite mit dem Kirchengemeinderat die Gemeinde. Auch halte ich den Unterricht und bin für Menschen da, denen es nicht gut geht. Gerade die Vielfalt in meinem Beruf macht mir Freude.

Ich gehöre dem Kirchengemeinderat an. Der entscheidet alle wichtigen Fragen der Gemeinde. Eigentlich arbeite ich bei einer Bank. Aber es macht mir auch in meiner Freizeit Spaß, Verantwortung zu übernehmen. Ich organisiere nämlich gerne.

Ich bin Diakon der Gemeinde. Diakon kommt von dem griechischen Wort „dienen". In meiner Arbeit unterstütze ich die Pfarrerin oder den Pfarrer, kümmere mich um die Jugendarbeit und den Besuchsdienst. Ich habe gerne mit vielen unterschiedlichen Leuten zu tun.

Seit ich Rentnerin bin, habe ich das Amt der Kirchendienerin übernommen. Ich bereite die Kirche für den Gottesdienst vor und läute die Glocken. Und ich kümmere mich um das Gemeindehaus. Es macht mir Spaß, danach zu sehen, dass alles gut läuft.

Ich bin Erzieherin in der kirchlichen Kita. Kinder sollen bei uns lernen, miteinander auszukommen. Es ist wichtig, das Gefühl für die Gemeinschaft zu stärken. Wenn ich sehe, dass sich Kinder bei uns gut entwickeln, bin ich sehr froh über meinen Beruf.

Ich bin Schüler und arbeite im Kindergottesdienst mit. Jeden Sonntag erzählen wir biblische Geschichten. Die Kinder gestalten dann etwas zu den Geschichten. Ich bin jedes Mal beeindruckt, welche tollen Ideen die Kinder haben.

Da ich Rentnerin bin, habe ich Zeit, beim Besuchsdienstkreis mitzuarbeiten. Wir besuchen Leute, denen es schlecht geht. Auch kümmern wir uns um Menschen, die trauern. Für mich ist es wichtig, dass wir keinen alleinelassen. Dafür ist eine Gemeinschaft ja da.

Ich bin Mitarbeiter in der Jugendarbeit. Ein Mal in der Woche treffen wir uns mit den Jugendlichen. Wir spielen und unterhalten uns, auch über Geschichten aus der Bibel. Es macht mir Spaß, mit jungen Leuten über Gott und die Welt nachzudenken.

Als Krankenschwester in der Ökumenischen Sozialstation fahre ich jeden Tag mit meinem Auto umher und besuche kranke Menschen. Die brauchen Medizin oder es muss nach ihnen geschaut werden. Ich arbeite gerne hier. Die Menschen sind sehr dankbar, dass es uns gibt.

Seit meiner Jugend bin ich Bläser im Posaunenchor. Bei großen Gottesdiensten oder beim Gemeindefest spielen wir Lieder. „Posaune macht Laune", sagte mein Vater. Das Üben fällt mir zwar nicht leicht. Aber ich fühle mich richtig gut, wenn ein Stück toll klingt.

Kirche feiert Gottesdienst

Jeden Sonntag wird Gottesdienst gefeiert. Man singt, betet und denkt über Gott und die Welt nach. In der evangelischen Kirche ist der Gottesdienst nicht immer mit Abendmahl verbunden. In der katholischen Kirche ist es immer dabei.
Bei **Familien-** oder **Jugendgottesdiensten** machen Kinder und Jugendliche mit.
Eine **Taufe** findet meist im Gottesdienst am Sonntag statt. Die Gemeinde möchte ja das neue Gemeindeglied willkommen heißen.
Besondere Gottesdienste sind die **Konfirmation** (evangelisch) sowie die **Heilige Kommunion** und die **Firmung** (katholisch).

Für eine **Hochzeit** gibt es einen eigenen Gottesdienst.
Gottesdienste zur **Beerdigung** finden oft auf dem Friedhof statt.
Schulgottesdienste sind meist am Anfang oder Ende des Schuljahres.
Andachten sind kurze Gottesdienste. Vor Ostern oder im Advent gibt es viele Andachten. Manche feiern auch zu Hause in einem **Hauskreis** eine Andacht.
Für Kinder gibt es den **Kindergottesdienst**. Dort kann man Geschichten hören, singen, beten, spielen und basteln.

?

Wenn du bereits in einem der Gottesdienste warst, die hier beschrieben werden: Berichte den anderen davon.

Was gehört für dich alles zu einem Gottesdienst?

Taufe

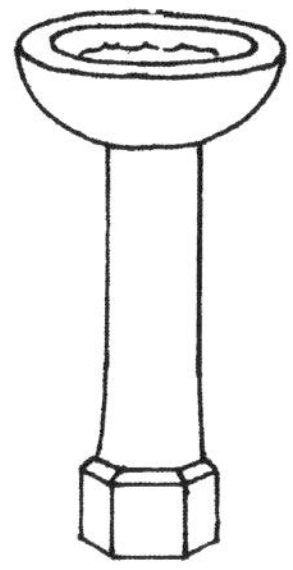

Mit der Taufe wird man in die Kirche aufgenommen.
In einem Taufgottesdienst begrüßt die Gemeinde das neue Gemeindeglied. Ein beliebtes Lied zur Taufe ist:

Wir beten für die Eltern.
Sie brauchen das Gebet.
|: Sie leben alle davon,
dass Gott mit ihnen geht :|

Wir wollen diesem Kinde,
recht gute Freunde sein
|: und laden es mit Freude
in die Gemeinde ein. :|

Wir werden ihm auch sagen,
wie lieb Gott alle hat.
|: Wir sagen es mit Worten
Und sagen's mit der Tat. :|

Gott nimmt das Kind beim Taufen
in die Gemeinde auf.
|: In Jesu Christi Namen,
beginnt sein Lebenslauf. :|

?

Was sagt das Lied über die Taufe aus?

?

Wie würdest du ein Kind in der Gemeinschaft willkommen heißen?

!

Wenn du getauft bist: Versuche etwas über deine Taufe herauszufinden. Frage Verwandte nach einem Foto von deiner Taufe.

Ein Foto
meiner Taufe

Kindergottesdienst

In vielen Gemeinden gibt es jeden Sonntag Kindergottesdienst. Manche halten ihn nur einmal im Monat als besonderen Tag für Kinder.
Ein Kindergottesdienst hat einen festgelegten, einfachen Ablauf.
Da gibt es:

- Lieder zum Anfang, in der Mitte und am Ende
- Gebete
- eine biblische Geschichte
- Aktionen zur Geschichte
- den Segen am Ende.

Der Kindergottesdienst wird meist von Menschen gestaltet, die dies ehrenamtlich tun. Oft sind es Schülerinnen und Schüler, die Freude an der Arbeit mit Kindern haben.

KIRCHE MIT KINDERN

Wofür kann ein Kindergottesdienst gut sein?

Was bedeutet wohl das Logo für den Kindergottesdienst?

Gottesdienst feiern

Fünf Schritte für einen Gottesdienst

Eröffnung

- Die **Glocke** ruft zum Gottesdienst und die **Orgel** stimmt ein.
- Bei der **Begrüßung** wird daran erinnert: „Wir feiern den Gottesdienst im Namen des Vaters und des Sohnes und des Heiligen Geistes."
- Zur gemeinsamen **Einstimmung** wird ein Lied gesungen.

Hinführung

- **Bibeltexte** (beispielsweise ein **Psalm**), ein **Gebet** und **Lieder** führen in den Gedanken ein, der bei dem Gottesdienst im Mittelpunkt steht.

Mittelteil

- Ein **Lied** steht am Anfang und am Ende dieses Teils.
- Ein **Bibeltext** wird vorgelesen. In einer **Predigt** wird der Text erklärt. Und es wird aufgezeigt, was er mit uns heute zu tun hat. Wenn der Gottesdienst für Kinder gemacht ist, kann auch eine Geschichte, ein Gespräch oder ein Spiel den Bibeltext verständlich machen.

Weiterführung

- Ein **Gebet für andere** (Fürbitte) wird gesprochen.
- Gemeinsam beten alle das **Vaterunser**.
- **Abkündigungen** informieren, was alles in der Gemeinde läuft.
- Ein **Friedensgruß** erinnert: Gott will Frieden für die Welt.

Verabschiedung

- Ein **Segenslied** wird gesungen und der **Segen** gesprochen.
- Man hört ein **Musikstück** (Orgelnachspiel).

Gottesdienst selbst gestalten

Einen Gottesdienst kann man selbst gestalten.
Einfache und anspruchsvolle Aufgaben gibt es da.
Die **Informationen** beschreiben kurz die Elemente eines Gottesdienstes.
Die **Aktionen** zeigen, was man selbst tun kann.

Information	Aktion
 **Begrüßung und Einstimmung** Zu Beginn werden alle willkommen geheißen. Es wird daran erinnert: *„Wir feiern diesen Gottesdienst im Namen des Vaters und des Sohnes und des heiligen Geistes.“*	• Wie kann man andere im Gottesdienst angemessen begrüßen? • Was soll über den Gottesdienst gesagt werden? Gibt es ein besonderes Thema oder einen Anlass? • Überlegt: Wo soll der Satz „Im Namen des Vaters …“ eingebaut werden?
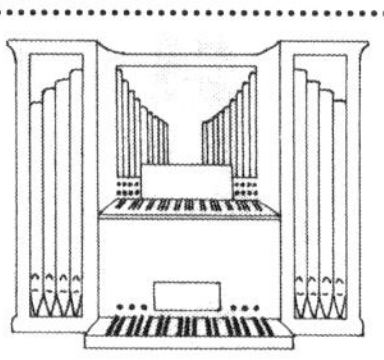 **Musik …** dient zur Einstimmung und zum Ausklang des Gottesdienstes. Im normalen Gottesdienst wird Musik mit der Orgel gespielt. Aber auch andere Instrumente eignen sich dafür.	• Welche Musik soll am Anfang auf den Gottesdienst einstimmen? Welche eignet sich für den Ausklang des Gottesdienstes? • Ihr könnt selbst Musik zur Einstimmung und zum Ausklang mit Orff-Instrumenten, Flöten … gestalten.
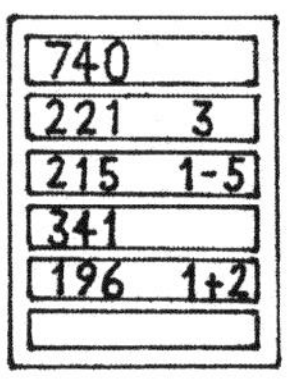 **Lieder …** findet man im Gesangbuch oder in Liederbüchern. Die Lieder führen in den Gottesdienst ein und vertiefen ein Thema.	• Welche Lieder sollen gesungen werden? Stellt welche zusammen und probiert sie aus. • Ihr könnt euch Aktionen (zum Beispiel Bewegungen) zu den Liedern überlegen.

Psalm

Im Gottesdienst werden Psalmen gesprochen. Man findet sie im Gesangbuch. Sie werden im Wechsel zwischen dem Vorbeter und der Gemeinde gesprochen.

- Welcher Psalm soll aus dem Gesangbuch gesprochen werden?
- Überlegt euch: Wie soll der Psalm im Wechsel gesprochen werden? Welche Zeilen lesen die Vorbeter, welche die anderen? (Beispiel: Die eingerückten Zeilen werden von den anderen gesprochen.)

Gebet zur Einstimmung

Das erste Gebet stimmt auf den Gottesdienst ein. Es greift Gedanken aus dem Alltag auf. Man kann aber auch darüber nachdenken, was einen gerade belastet.

- Schreibt ein Gebet, das auf den Gottesdienst einstimmt.
- Ihr könnt Gedanken aus dem Alltag aufgreifen. Oder bittet vielleicht darum, dass alle zur Ruhe kommen, um über Gott und die Welt nachzudenken.

Bibeltexte ...

werden im Gottesdienst zu unterschiedlichen Zeiten vorgelesen.

Am Ende einer Lesung des Bibeltextes kann man Worte sagen wie: *„Selig sind, die Gottes Wort hören und bewahren."*

- Überlegt: Wie hält man eine Bibel in der Hand?
- Wie liest und betont man den Text richtig?
- Wie spricht man wohl die Worte „Selig ...“?

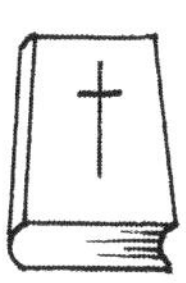

Bibeltext auslegen

Andere sollen den Bibeltext verstehen. Normalerweise wird dafür eine Predigt gehalten. In ihr wird erklärt, was der Bibeltext meint und was er uns heute zu sagen hat.

- Macht euch Gedanken über den Bibeltext. Was gibt es dazu zu sagen?
- Wie kann man anderen deutlich machen, worum es im Text geht? Vielleicht habt ihr eine Geschichte, eine Spielidee oder führt ein Gespräch über ihn.

Eine Fürbitte ...

macht deutlich: Man denkt nicht nur an sich, sondern auch an andere in der Welt. Danach wird zu dem Vaterunser übergeleitet: *„Und mit allen Menschen auf der Welt beten wir gemeinsam ...“*

- Für wen könnte man alles bitten? Denkt dabei an Menschen, denen es in der Welt nicht gut geht.
- Schreibt vielleicht auch eine Bitte für die Gemeinschaft aller Menschen.

Das Vaterunser ...

wird gemeinsam von allen Christen auf der Welt gebetet. Während man betet, läutet eine kleine Glocke. Dadurch können auch Leute in das Vaterunser einstimmen, die sich nicht in der Kirche aufhalten.

- Überlegt:
  Wie wird das Vaterunser vorgebetet? Wie betont man die einzelnen Verse?
- Gestaltet Bewegungen zum Vaterunser. Wenn ihr wollt, könnt ihr diese den anderen beibringen und im Gottesdienst damit beten.

Der Friedensgruß ...

erinnert daran: Gott möchte Frieden für die Welt.

„Der Friede Gottes, welcher höher ist als alle Vernunft, bewahre eure Herzen und Sinne in Christus Jesus, Amen.“

- Überlegt, wie ihr den bekannten Friedenswunsch „Der Friede Gottes ...“ vorlest und betont.
- Welche Wünsche habt ihr für eine friedliche Welt? Schreibt Friedenswünsche auf. Die könnt ihr vielleicht auch in den Friedensgruß einbinden.

Der Segen ...

begleitet am Ende die Besucher des Gottesdienstes in den Alltag. Bekannte Segensworte sind:

„Der Herr segne dich und behüte dich. Der Herr lasse sein Angesicht leuchten über dir und sei dir gnädig. Der Herr erhebe sein Angesicht auf dich und gebe dir Frieden. Amen.“

„Es segne euch der allmächtige Gott: Vater, Sohn und Heiliger Geist.“

- Überlegt: Welche Körperhaltung nimmt man bei einem Segenswort ein?
- Wie würdet ihr die bekannten Segensworte sprechen?
- Ihr könnt auch einen eigenen Segensspruch schreiben.

Kirche als Gemeinschaft

Die beiden Verse sind zum Nachdenken und zum Singen gedacht.

☞ Denkt euch eine **Melodie** zu jedem Vers aus.

☞ Gestaltet eine **Bewegung** zu jeder Zeile.

Jesus sagt:

Wo zwei oder drei

in meinem Namen versammelt sind,

da bin ich mitten

unter ihnen.

nach Matthäus 18,20
(aus Afrika)

Paulus schreibt:

Wie ein Leib sollt ihr sein,

den Jesus zusammenhält.

Seid Kopf und Hand, seid Mund und Bein.

Niemand ist auf sich gestellt.

nach 1. Korinther 12
(Michael Landgraf)

Bildnachweise

Illustrationen und Fotos von Claudia Held-Bez und Michael Landgraf
S. 23: Tiki Küstenmacher (elementarisierte Zeichnung). Wo ist der verlorene Sohn? © Claudius-Verlag, München; S. 50: Altar und Tempel, © Calwer Verlag; S. 65: EG 590 (Regionalausgabe Pfalz): Ein Kind ist angekommen

Hinweise auf die Reihe „ReliBausteine primar“

Die Reihe „ReliBausteine primar“ wurde für die Primar- und Orientierungsstufe (bis Klassenstufe 6) konzipiert. Sie bietet

- prägnante Einführungen in ein Thema
- didaktische und methodische Reflexionen
- elementare Arbeitsmaterialien für Schule und Gemeinde
- Kreativideen und Kopiervorlagen für den Unterricht oder darüber hinaus.

Michael Landgraf
Kirchenjahr und Lebensfeste
DIN A4, 80 Seiten
ISBN (Calwer) 978-3-7668-4432-3
ISBN (VSP) 978-3-939512-91-2
ISBN (RPE) 978-3-938356-67-8

Michael Landgraf
Unsere Kirchen
DIN A4, 72 Seiten
ISBN (Calwer) 978-3-7668-4075-2
ISBN (VSP) 978-3-939512-16-5
ISBN (RPE) 978-3-938356-29-6

Michael Landgraf
ICH und DU
DIN A4, 80 Seiten
ISBN (Calwer) 978-3-7668-4171-1
ISBN (VSP) 978-3-939512-23-3
ISBN (RPE) 978-3-938356-34-0

Michael Landgraf
Jesus begegnen
DIN A4, 80 Seiten
ISBN (Calwer) 978-3-7668-4191-9
ISBN (VSP) 978-3-939512-28-8
ISBN (RPE) 978-3-938356-36-4

Michael Landgraf
Religionen der Welt
DIN A4, 80 Seiten
ISBN (Calwer) 978-3-7668-4219-0
ISBN (VSP) 978-3-939512-45-5
ISBN (RPE) 978-3-938356-41-8

Michael Landgraf
Altes Testament
DIN A4, 80 Seiten
ISBN (Calwer) 978-3-7668-4261-9
ISBN (VSP) 978-3-939512-55-4
ISBN (RPE) 978-3-938356-54-8

Michael Landgraf
Schöpfung
DIN A4, 80 Seiten
ISBN (Calwer) 978-3-7668-4344-9
ISBN (VSP) 978-3-939512-72-1
ISBN (RPE) 978-3-938356-61-6

Hinweise auf die Reihe „Kennst du ...?“

Kennst du ...?
Martin Luther
von Michael Landgraf
24 Seiten

ISBN (Calwer)
978-3-7668-4220-6

ISBN (VSP)
978-3-939512-42-4

ISBN (RPE)
978-3-938356-44-9

Kennst du ...?
Jesus Christus
von Michael Landgraf
32 Seiten

ISBN (Calwer)
978-3-7668-4290-9

ISBN (VSP)
978-3-939512-59-2

ISBN (RPE)
978-3-938356-59-3

Kennst du ...?
Die Kirche
von Michael Landgraf
32 Seiten

ISBN (Calwer)
978-3-7668-4345-6

ISBN (VSP)
978-3-939512-70-7

ISBN (RPE)
978-3-938356-60-9

Kennst du ...?
Die Weltreligionen
von Michael Landgraf
32 Seiten

ISBN (Calwer)
978-3-7668-4419-4

ISBN (VSP)
978-3-939512-86-8

ISBN (RPE)
978-3-938356-66-1